深度教学：
中学数学课堂实践探寻

编著：程学琴　李小蛟　李　芝

编委：税长荣　洪晓蕾　杨世卿
　　　肖　成　朱　琨　彭　月
　　　尹小可　梁昌健　胡　剑
　　　刘　臆　韩　雄

四川大学出版社
SICHUAN UNIVERSITY PRESS

图书在版编目（CIP）数据

深度教学：中学数学课堂实践探寻 / 程学琴，李小蛟，李芝编著． — 成都：四川大学出版社，2022.6
ISBN 978-7-5690-5531-3

Ⅰ．①深… Ⅱ．①程… ②李… ③李… Ⅲ．①中学数学课－课堂教学－教学研究 Ⅳ．①G633.602

中国版本图书馆CIP数据核字（2022）第104601号

书　　名：深度教学：中学数学课堂实践探寻
　　　　　Shendu Jiaoxue:Zhongxue Shuxue Ketang Shijian Tanxun
编　　著：程学琴　李小蛟　李　芝

选题策划：唐　飞
责任编辑：唐　飞
责任校对：王　锋
装帧设计：墨创文化
责任印制：王　炜

出版发行：四川大学出版社有限责任公司
　　　　　地址：成都市一环路南一段24号（610065）
　　　　　电话：（028）85408311（发行部）、85400276（总编室）
　　　　　电子邮箱：scupress@vip.163.com
　　　　　网址：https://press.scu.edu.cn
印前制作：四川胜翔数码印务设计有限公司
印刷装订：成都市新都华兴印务有限公司

成品尺寸：170mm×240mm
印　　张：9.25
字　　数：174千字

版　　次：2022年8月 第1版
印　　次：2022年8月 第1次印刷
定　　价：50.00元

四川大学出版社
微信公众号

让深度教学助力『双新』落地

随着普通高中育人方式改革的深入推进，"双新"（新课程、新教材）实践赋予了一线教师开展教学改革的新任务、新内涵。为了让学生更加主动、深入、创造性地学习，我们的教学实践有必要从表层"滑行"走向深度探寻，用一种更有"实战性"的教学方式去实现发展学生核心素养的目的。

夸美纽斯曾说过：要寻求一种教学的方法，使教师因此可以少教，但学生可以多学；使学校因此可以少些喧嚣、烦厌和无益的劳苦，多些闲暇、快乐和坚实的进步。虽然我们不能说我们已经成功地为这样的理念寻找并创造出了一套行之有效的教学方法，但是我们至少要把这美好的理念内化为我们每位教师内心的憧憬和向往，让它指导着我们的教学走向学生的内心，使我们的学生在学习过程中能够学会学习、热爱学习并逐渐擅长学习。

基于培养学生核心素养的深度教学借助深度学习的理论，将教学的视角集中到教学的纵深，从横向探讨教学问题，到纵向研究教学深度，扩大了教学实践的探索领域。基于培养学生核心素养的深度教学是一种行为，更是一种观念，它让教师们在埋头苦干的同时，以一种更为舒展的教学姿态，创造性地变革教学实践。

　　"双新"背景下的课堂教学强调学生学习活动的主动性，强调学科核心素养的均衡发展，强调学习过程的生长性。这些主张都与深度教学的理念不谋而合。深度教学站在"双新"的角度关注教学，是"双新"实践落地的有效途径；深度教学的"学生立场"重新定义了教学中教师与学生的关系，把"平等对话""共同在场"作为课堂教学关系的基础，从客观上尊重了学习真实发生的对象。深度教学是以促进学生学习为基点，以促进学生深度学习为目标，深层挖掘教学内在的魅力，在教学内容、教学方法、教学评价、教学反思等各个方面让学生改变低效的学习，最终促进教师和学生的共同发展的过程。

　　本书是成都市程学琴名师工作室基于发展学生核心素养，在探索深度教学的过程中，由一线骨干教师总结和提炼的实践经验成果。

　　本书对深度教学在中学数学课堂中的实践过程和素养指向分别作了深入解读；对中学数学深度教学的实践含义从情境探究法、问题导向法、过程体验法和激励评价法等方面进行了创造性的理论阐释和实践探索；对概念课、章头课、复习课、例题习题课、综合实践课等课型的具体课例进行了富有启发性的评析；还就数学教学与德育、文化、信息技术的应用进行了整合性研究。

　　本书编写组立足于课堂教学实践，借助真实的教学情境，深度挖掘教与学的内在逻辑关系，不仅追求教学内容的深度和广度，更追求教学思想的高度和教学思维的广度。本书所呈现的实践案例可为中学数学课堂教学的深度研究提供参考，其探索的实践策略可帮助教师改革课堂，促进学生逻辑思维的深度发展、知识本质的深度理解以及情感活动的深度体验，从而促进知识向核心素养的深度转化，更好地体现课堂教学的生长价值。

税长荣

2022 年 3 月

目　　录

第一章　数学深度教学的理性思考

第一节　深度教学的过程逻辑

当今社会是信息化时代，信息技术、脑科学与人工智能的深入发展，推动知识和信息的更新速度越来越快，中小学生学习内容的急剧增多与学习时间的相对有限成为当代课堂教学的主要矛盾，特别是在发展学生核心素养的背景下，中小学教育越来越注重学生学习的形式、过程与方法，这在一定程度上给新时代课堂教学技术带来巨大的冲击．同时，由于社会对人才高规格和多样化的客观要求，学校必须培养学生的创新精神、实践能力和高阶思维，才能满足各种复杂情境对复合型人才的需要．因此，中小学课堂教学应该是使学生有思维的、创新性的、能动的、深刻性的学习活动．基于发展学生核心素养的深度教学通过不同层面的研究和实践，使推进学生深度学习这一观念得以实现，为新一轮课堂变革开辟了实践的新道路．

一、深度教学的形成机理

深度学习又称深层学习，源于三十多年来计算机科学、人工神经网络和人工智能的研究．在人工智能领域，深度学习其实是一种算法思维，其核心是对人脑思维深层次学习的模拟，通过模拟人脑的深层次抽象认知过程，实现计算机对数据的复杂运算和优化．来自脑科学、人工智能和学习科学领域的新成就，必然引起教育领域研究者的深刻反省．一方面，深度学习明确地指向学生对知识的学习所达到的深度，以及教师通过对知识的处理引导学生逐步达到一定的学习深度，这一深度学习的过程是一个逐步深化的学习过程，要求教师在教学过程中引导学生深度学习应着眼于知识的深层次理解和深度处理．另一方面，学生真正意义上的深度学习需要建立在教师深度教导、引导的基础之上．

从本质上看，教育学视野下的深度学习不同于人工智能视野下的深度学习，不是学生像机器一样对人脑进行孤立的模拟活动，而是学生在教师引导下，对知识进行的"层进式学习"和"沉浸式学习"."层进"是指对知识内在结构的逐层深化的学习，"沉浸"是指对学习过程的深刻参与和学习投入. 离开了教师的教学和引导，学生何以"沉浸"？因此，深度学习只有走向深度教学，才更具有发展性的意义和价值. 同时，我国新一轮基础教育课程改革以来，课堂教学改革依然存在着诸多表层学习、表面学习和表演学习的局限性，"学习方式的转变"往往演变成了教学形式的改变，诸如教与学在程序上的简单翻转和在时间上的粗暴分配. 其所体现出来的知识观、价值观、教学观、过程观依然陈旧落后，以学科知识、学科能力、学科思想和学科经验的融合为核心的学科素养依然未能得到实质性的渗透.

深度教学就是教师在准确把握学科本质和知识内核的基础上，通过一系列教育活动，触动学生情感和思维的深处，引导学生自主发现和真正理解的一种教学状态. 深度教学不仅是一种"技术"，也是一种情感驱动下的学习过程. 深度教学的过程是教师通过学科教学的设计与实施，引导学生学科核心素养的养成，包括核心内容的学习、高阶思维的形成和关键能力的提升等. 深度教学不是无限增加知识难度和知识量，是克服对知识的表层学习、表面学习和表演学习，以及对知识的简单占有和机械训练的局限性，基于知识的内在结构，通过对知识完整深刻的处理，引导学生从符号学习走向学科思想和意义系统的理解和掌握，并导向学科素养的教学.[①] 它要求学生深度理解知识内涵，主动建构个性化的知识系统和意义系统，并有效迁移运用于解决真实情镜中的问题，追求在获得知识意义、建立学科思想、发展学科能力、丰富学科经验的基础上养成学科核心素养.

教师的教与学生的学相融合的属性决定了深度学习必然走向深度教学，只有走向深度教学的深度学习才具有发展性，才能体现其意义和价值. 深度教学以学生的深度学习为指向，强调引导学生对知识的完整理解和深刻学习. 从学生认知顺序看，深度教学的过程在于让学生在对复杂概念或知识的理解与认知时，通过对所学信息进行深度加工与意义阐释，进入由浅入深、由表及里、从低到高、循序渐进的学习状态. 从学科发展顺序看，深度教学的过程源于教师帮助学生探索未知领域，对知识拓展的一种检验和应用，处于学习过程的中高级阶段. 从学科核心素养看，学科核心素养超越了学科知识和能力，包含学科

---

① 朱立明，冯用军，马云鹏. 论深度学习的教学逻辑 [J]. 教育科学，2019，35 (3)：14—20.

知识、学科情感、思维品质与关键能力. 学科核心素养的形成，既要考虑学科本质，又要关注学生学习的心理与情绪，这种倾向性体现在学生积极内化知识，获得技能，形成学科思维品质. 从教学效果评价看，深度教学的过程不仅促使学生的学习情绪、内在动力以及学习状态的持续，还涵盖了对于知识的理解、认知结构的拓展、现实问题的解决，尤其是学生高阶思维的形成. 深度教学的过程是指向学科核心素养的教学，观照学生认知的顺序与发展，强调教学目标的聚焦与分层，注重教学内容的联结与融合，实现教学反思的验证和优化，促进学生问题解决能力的培养与高阶思维的提升. 深度教学的过程是通过对知识与技能的习得，促进学生从学科本质的角度理解所学内容、所习技能，强化问题解决能力与实践创新能力，这种高质量的学习型导向教学可以在一定程度上改变学习者的学习习惯并提升其有效学习质量，从学会学习到爱上学习.① 在围绕具有挑战性教学主题深度探究的持续过程中，体验学习成果的获得感和喜悦感，理解学习的真正意义.

在教学"复合函数的零点探究"时，可以通过培养学生解题元认知能力来对学生的学习过程进行监控和调节，形成对知识的深度理解，进而建构知识意义，解决实际问题，实现深度学习的目的.

首先，教师创设学习环境为学生的深度学习提供支持. 这节课是以学习小组的形式进行，让学生能够无拘无束地探究他们不懂的问题——"共同体中心"；以学生的知识经验为起点来进行教学设计——"学习者中心"；试图帮助学生理解每个重要概念及其知识结构——"知识中心"；在教学中尽量使学生的思维可视化，借助几何画板的展示，以便其观点能够得到澄清——"评价中心"，比如让学生在讨论中提出自己的论点，在定性的层面上讨论其对问题的结论，对各种各样的现象做预测等.

教师通过整合课程内容，对本节课进行了如下学习设计：

梳理知识，厘清内容. 主要从函数零点的定义、函数的零点与函数图象的关系、函数的零点与方程的根的关系、复合函数的定义等方面进行归纳总结.

以引例"已知函数 $f(x)=|x^2-2x|$，讨论关于 x 的方程 $f(x)=t$ 实根的个数"，回顾并体验解题的过程. 利用几何画板进行动态演示，让学生在小组讨论时，增加直观感受，引发利用分类讨论和数形结合的思想

① 乌尔里希·伯泽尔. 有效学习 [M]. 张海龙，译. 广州：中信出版社，2018.

解决函数零点的问题.

小组讨论, 合作学习.

(1) 小组 A 对线索"$| x^2 - 2x | = t$"中的绝对值进行讨论.

师: 看到这个等式里面的绝对值, 你们的第一反应是怎么处理?(激活元认知特征知识)

生 1: 去掉绝对值. (激活学生对问题情境下相应策略的知识和经验的体验)

学生开始采用去绝对值的方法, 迅速讨论出当 $t < 0$ 时, 方程无实根; 当 $t = 0$ 时, 方程有两个不同的实根; 当 $t > 0$ 时, 先纠结去绝对值后的两个方程 $x^2 - 2x = t$ 和 $x^2 - 2x = -t$ (元认知监控), 然后用判别式来判断方程根的个数.

(2) 小组 B 对线索"实根的个数"产生兴趣, 将问题转化成函数 $y = f(x)$ 与函数 $y = t$ 图象交点的个数, 选择数形结合的策略(如图).

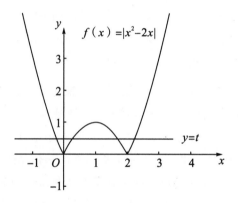

请 A、B 两个小组的学生简要复述各自解题的过程. (剖析本质, 反思解题经历, 抽取问题突破点, 总结解题方法)

探究复合函数的零点问题.

例 1 已知函数 $f(x) = | x^2 - 2x |$, 求关于 x 的方程 $f^2(x) - 3f(x) + 2 = 0$ 有多少个不同的实根?

(有了引例的铺垫, 每个学习小组都从数形结合的角度进行思考)

(1) 小组 A 对线索"$f^2(x) - 3f(x) + 2 = 0$"采用的是将条件"$f(x) = | x^2 - 2x |$"代入方程, 得到

$$\frac{x^4 - 4x^3 + 4x^2 + 2}{3} = | x^2 - 2x |$$

仿照引例, 画出两个函数的图象, 查找交点的个数. 对于函数 $y = $

$\dfrac{x^4-4x^3+4x^2+2}{3}$ 的图象，由于超出了他们现有的知识水平，小组最后用几何画板作图得出结果．

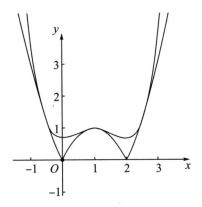

（2）小组 C 在引例中的"$f(x)=t$"找到灵感，将它代入方程，得到 $t^2-3t+2=0$，解得 $t=1$ 或 $t=2$．于是将问题转化为函数 $y=f(x)$ 与函数 $y=1$ 和 $y=2$ 的图象交点的个数的总和．

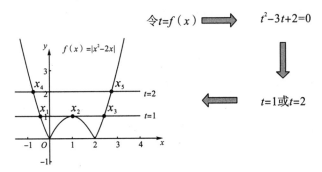

教师让两个小组分享各自解题经历．以下是部分课堂实录．

针对小组 C：

师：你们是怎么想到将 $f(x)$ 进行换元的？（元认知体验）

生 2：因为条件"$f(x)=|\,x^2-2x\,|$"与引例一样，所以我们优先考虑用引例的方法．然后注意到方程的左边"$f^2(x)-3f(x)+2=0$"可以看成一个复合函数，内函数 $t=f(x)$ 刚好与引例的问题联系起来（元认知监控——展望问题的前景），外函数 $y=t^2-3t+2$ 是一个熟悉的二次函数（元认知体验——活动中的转机和前景的体验），所以我们就按刚才的思路往下进行，也就是"换元法"（元认知监控——调节）．

师：你们是怎么想到把问题转化成函数 $y = f(x)$ 与函数 $y = 1$ 和 $y = 2$ 的图象交点的个数的总和的？

生2：代入后得到 $t^2 - 3t + 2 = 0$，解得 $t = 1$ 或 $t = 2$. 因为 $f(x) = 1$ 或 $f(x) = 2$ 的解都满足 $f^2(x) - 3f(x) + 2 = 0$，所以 $f(x) = 1$ 和 $f(x) = 2$ 两个方程的根都是所求方程的根，这样把问题转化成函数 $y = f(x)$ 与函数 $y = 1$ 和 $y = 2$ 图象交点的个数总和的问题.

师：解决完这个问题后，大家还有什么补充？

生3：我们发现 $f^2(x) - 3f(x) + 2 = 0$ 是一个以 $f(x)$ 为变量的二次方程（元认知监控——抽取解决问题的关键），直接分解因式得到 $[f(x) - 1][f(x) - 2] = 0$，也就是 $f(x) = 1$ 或 $f(x) = 2$.

师：很好. 这是这个问题的一个突破点：$f^2(x) - 3f(x) + 2 = 0$ 是一个以 $f(x)$ 为变量的二次方程.

生4：对于求方程根的个数问题，我们的大方向是可行的，就是转化成函数图象交点的个数问题. 在处理方程"$f^2(x) - 3f(x) + 2 = 0$"时，我们也是考虑把 $f(x)$ 换掉，若只是用代入法，则式子会变得更为复杂（元认知体验——活动中挫折和困难的体验），因此应该先整体代换（元认知监控）.

下面是后半节课的教学设计：

思考：这些实根的和等于多少？

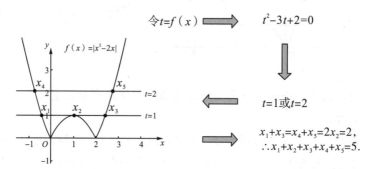

例2 已知函数 $f(x) = |x^2 - 2x|$，若关于 x 的方程 $f^2(x) - af(x) + 2 = 0$ 有6个不同的实根，求实数 a 的取值范围.

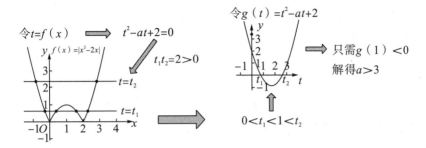

师：以这个题目的条件，想一想还能提出哪些问题？

例 3　已知函数 $f(x)=\begin{cases} x+\dfrac{1}{x}, & x>0, \\ 3-x^2, & x\leqslant 0, \end{cases}$ 则方程 $f(x^2+2x)=a(a\geqslant$

2) 的根的个数不可能为（　　）

A. 3 个　　　　　　B. 4 个　　　　　　C. 5 个　　　　　　D. 6 个

师：例 3 的题设与例 1、例 2 有什么异同？大家尝试解决一下.

……

师：大家再从题设条件和解法上对比例 3 和例 1、例 2 的异同点.

深度教学是以激发学生"深度学习"为目的，教师的角色首先从"课堂主导者"变为"学习促进者"，通过不断地追问、启发、诱导，为学生提供自我决策的机会，促进学生达成自主学习、自我构建知识的目的. 教师在本节课中，运用波利亚的"提示语"，既关注学生对知识的深层理解，又培养学生知识建构的方法. 在诸如"你是怎么想到的""你打算怎么做""你为什么要这样做""你觉得还可以怎样做""他的做法错（好）在哪里""你觉得他为什么会出错"等问题串的带引下，让学生在体验式的学习过程中，点燃学生学习动力.

二、深度教学的内涵特征

深度教学是对工具性教学和浅表层教学的超越，通过对深度教学的过程进行分析，能够进一步明确深度教学理念指导下的教学特征. 深度教学的"深度"是建立在完整地、深刻地处理和理解知识的基础之上的. 如果教学把知识从其赖以存在的背景、意义和经验中剥离出来，便成为无意义的符号、无根基的概念知识的"复制".① 深度教学的兴起,旨在以广度促进学生对知识的理解和"无边界学习"日益扩展.

(一)深度教学是理解性教学

深度教学是基于学生对知识、他人和自我关系的理解,教师引导学生建构知识意义、丰富他我世界和自我世界,实现学生自我理解和精神成长的活动.具体而言,深度教学要求学生理解以下几个方面的内容:第一,理解学科知识及其本质,也即理解知识的符号,这是深度教学的起点与前提.第二,理解知识及其逻辑依据,如数学知识蕴含的确定性与不确定的思想、数形结合的思想、平衡与转化的思想等.第三,理解知识关系及其规律,特别是知识体系和知识与历史、社会、生活、文化的关系,以及知识产生、形成、变化和发展的规律.第四,理解共同学习者与自我的关系.在班级学习共同体中,教师不是唯一依赖的对象,深度教学要引导学生理解自身与教师、同伴的关系,以及对自我的理解,找到自己在学习过程中的定位.第五,理解学习的意义及其价值.深度教学要引导学生通过对知识的符号、逻辑、思想的理解,使知识真正走进学生的精神世界,进而引导学生理解知识的意义,使学生的生活充满意义,引导学生的人生发展.

深度教学还要引导学生理解各种价值观与价值现象,进而正确地处理不同世界观、人生观和价值观的冲突.深度教学注重作为主体的学生建构自己对知识、知识结构和知识意义的深度理解,而不仅仅是接受教师所传授的知识.深度课堂反对学生对知识的片面、单一的理解,追求学生理解的丰富性、完整性和多元性.

在教学"测度的理解与辨析"时,怎么理解"测度"?

例 1 如图,在等腰 Rt△ABC 中,在斜边 AB 上任取一点 M,求 AM 小于 AC 的概率.

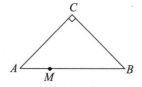

例 2 如图,在等腰 Rt△ABC 中,过直角顶点 C 在∠ACB 内任作一

---

① 郭元祥. 论深度教学:源起、基础与理念「J], 教育研究与实验,2017 (3):1—11.

条射线 CM，与线段 AB 交于点 M，求 AM 小于 AC 的概率.

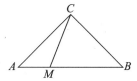

调查如下表：

方法 题目	长度之比 $\frac{\sqrt{2}}{2}$	角度之比 $\frac{3}{4}$	面积或弧长
例1	92%	0%	8%
例2	45%	41%	14%

如何选择测度，为什么两种概率会有不一样的结果？

几何概型是"等可能"概率模型，选择何种测度即是由题干中的等可能性确定的. 例 1 中线段上取点是等可能的，所以用长度之比得到概率为 $\frac{\sqrt{2}}{2}$，也可以转化为三角形的面积之比. 例 2 中的射线与 AB 的交点是由角度的变化来引起交点的变化的，所以从长度上来讲不是等可能的，不能用线段之比来转化，但可以用弧长之比来转化，即 $\frac{AC}{AB}=\frac{3}{4}$. 探究其深层次的原因，如图所示，当点 Q 为 AN 的中点时，$\triangle ACP \cong \triangle NCP$，点 P 并非线段 AM 的中点，即点 Q 从点 A 到点 N 的等可能变化过程中对应的点 M 在 AB 中与点 A 的距离非等可能变化.

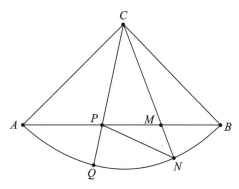

启示与思考：定测度，一定要从"等可能性"入手，当等可能的角度不同时，其概率也是不一样的，转换测度也必须是等可能的等价转换.

（二）深度教学是体验式教学

深度教学注重学生的过程体验. 在《普通高中数学课程标准（2017 年版 2020 年修订）》（以下简称《课标》）中明确提出：高中数学课程应力求使学生体验数学在解决实际问题中的作用、数学与日常生活及其他学科的联系，促进学生逐步形成和发展数学应用意识，提高学生实践能力. 深度教学是体验性的教学，不是静态的教学. 深度教学要注重学生在教学过程中的切身体会、感受与经验，丰富学生的过程体验，也是对学生学习过程性的回应. 深度教学注重引导学生体验学习过程中的各种关系，体验学习过程中的丰富情感，体验积极的思维活动，即关系体验、情感体验和思维体验. 深度教学要求教师尊重学生学习的过程属性，避免教学的"流程化"与"模式化"，用复杂性思维、过程性思维和关系思维来看待学生的学习过程和教学过程，丰富学生的过程体验，实现教学的过程价值.

深度教学强调课堂活动的体验，在体验中引导学生积极探索、发现、经历知识的形成过程，以知识体验为前提、以能力提升为中心建立学生与学习内容之间的紧密联系，进而精确地把握学科本质，提升学科核心素养. 例如，"函数概念"的教学，可以构建学生所熟知的现实情境，将已知的函数的变量定义作为切入点，引导学生通过生活或数学中的具体问题，形成一般的函数概念，体会利用对应法则来定义函数的必要性与优越性，理解函数概念的本质；还可以组织学生收集、阅读函数形成与发展的数学史料，体验函数概念先从变量到对应，再从对应到关系的发展变化.

深度教学以实际问题的解决为驱动，将学习内容纳入原有认知结构，实现已有知识在新的问题情境中的合理迁移和生长发育. 例如，函数应用就是指向问题解决，通过构建适合的数学模型解决现实问题. 数学建模是以个体知识结构为基础，通过数学知识与现实情境信息的交叉对信息进行加工处理，基于数学视角提出问题，凭借数学思维分析问题，利用数学语言表达问题，构建数学模型解决问题. 在这个过程中，体现了创新与实践的两个抓手：在提出问题中具有问题视角的创新，在分析问题中具有分析思维的创新；在表达问题时具有语言描述的实践，在问题解决过程时具有模型验证的实践. 函数应用使学生利用数学知识与技能解决现实问题，感悟数学与现实之间的联系，进而增强学生的创新意识与科学精神.

合作学习是学生体验式教学的常用方式，在合作学习过程中，学生通过体验查找漏洞、形成经验，同时还激励自己的学习动机. 在体验中，学生从学习的"听众"转化为知识发现的"参与者"，变被动接受为主动学习.

合作学习的教学方法大致有以下几种形式.

1. 小组成绩分工式的合作学习

小组成绩分工是根据学习的需要课前分工协作，课堂共同汇报完成学习任务的一种合作方式. 它区别于以往的"一言堂"，改变教师讲、学生听的模式，充分调动学生学习的主动性，让学生主动参与到学习中，主要以学生课前合作准备，课堂学习合作交流为主.

（1）课前准备：采用成绩分组的形式，将学生分为 4 人一组，根据教学内容整理出每组的讲课内容，小组间的学习内容各有侧重. 比如在"函数的图象"的复习中，教师将课堂内容分成函数图象变换知识点梳理、图象的应用等微专题. 将这些微专题分配到不同的小组，要求小组成员各有分工，以讨论协作的方式完成专题.

（2）课堂汇报：课堂上每组的每位同学都要向全班汇报本组成果，这当中可以包含分组过程中的收获、好的发现、自己疑惑的问题等. 每组汇报完毕后，其他组的同学可以补充，同时教师积极鼓励学生提问，引导学生思考、讨论和交流. 教师可以充分调动学生的学习积极性，培养学生提问的意识，挖掘学生思考的潜能，进而激发学生发散思维能力.

（3）课后评价：对学生进行评价包括知识测验、活动中学生的参与度、教师对小组的评价、小组间的评价、组员间的评价等.

这种方式不仅让完成微专题的小组成员将独立的知识巩固变为合作巩固，切切实实地让学生掌握了应该掌握的知识，而且让学生达到了合作澄清的目的. 合作学习可以监控"明白"的境界，从"听明白"到"想明白"再到"讲明白"，是走向明朗的三级台阶."说得明，道得清"才是真正掌握知识的有利说明.

2. 交错学习法

交错学习法是指把内容分成不同的部分，将每一部分分配给部分学生（专家组），学生在一起讨论他们所要学习的那部分内容，直到掌握. 待学生掌握后，返回各自所在的小组，轮流教其他组员自己的那部分内容. 因为各自掌握的内容不同，学生要掌握其他内容就只能倾听别人的讲解. 每组中既给了学生展现自己的机会，也让学生们彼此支持，既有了个人能力的体现，又有团队精神的培养，展现了合作学习中的目标依赖与共同进步. 这种方法可适用于试卷评讲课.

首先把试题分割成选择题、填空题、解答题一、解答题二、解答题三等部分；然后分配给专家组，待专家组掌握所学内容后，返回小组评讲自己的内容；最后可由教师根据各小组的反馈情况，就疑难问题或易错题集中精讲（这个环节也可由专家组的学生来评讲，教师补充）．此外，课后还可就评讲内容进行针对性作业.

专家组对同一问题的合作交流，在分享中可以看到别人的思维方式和问题出发点，这是个人独立学习不能产生的；对同一问题的研讨，在交流合作中发现解决问题的关键点和易错点．每个异质小组的不同题型交流，不仅能深化讲解者对知识的理解，而且倾听者的提问还可以促发讲解者的深度思考.

3. 合作编题式

学生根据成绩分成异质小组，为了提高学生学习的独立性和自觉性，由学生合作编撰数学题或数学试卷，是合作学习中一种操作性很强的学习方式．这种方式不仅能反馈学生的学习信息，而且能强化复习效果，提高知识掌握水平．将学生从做题人转化到出题人，这样的角色转换激发了学生的学习兴趣，能够激励学生提升自我价值．教师需对考查内容、题型、题量做出要求，并要求指出题目立意．学生合作完成后，随机分给不同小组解答，并由解答方对该份考题做出评价．命题小组对答卷进行批阅后反馈给解答方.

通过该种合作方式，学生明白要设计好一份试题并不简单．这个过程需要复习与提炼，加工与再加工，充分发挥集体的智慧．由知识结构的安排，重难点的确定，思想方法的考查到试题的编撰，审阅与修改这个过程，可以加强学生对知识的理解，知识结构的归纳，思想方法的感悟，方法与技能的掌握，数学语言的准确表达．同时，学生在互相探讨、互相修改中发展了理性思维，提升了数学应用能力.

（三）深度教学是反思性教学

深度教学的思维拓展指向高阶思维的提升，是在培养学生较高认知水平层次上的心智活动或认知能力．学生在深度教学过程中借助学科内容的化归与统整，并通过科学合理地批判与逻辑分析形成抽象的思维结构，从而保证学生头脑中的知识群之间具有关联性、系统性、逻辑性．高阶思维的拓展训练是深度教学的基本目标，这个目标的实现需要学生具备一定的反思能力与批判意识．深度教学通过为学生提供真实的学习情境和问题场域，帮助其提升逻辑思维和把握知识的整体性，为处理实际生活中的问题奠定基础，同时激发学生的内在动机，强化学生的反思能力，提供更多从学科或学科融合视角发现问题、提出问题、分析问题、解决问题的机会. 例如，函数单调性、奇偶性、周期性借助函数图象的直观性特点，用数学符号语言来刻画函数的特征与变化规律，蕴含了数学直观思维、数学抽象思维与数学逻辑思维. 再如，我们在研究指数函数 $f(x)=a^x$ 或者对数函数 $f(x)=\log_a x$ 的单调性时，往往需要讨论底数 a 的取值范围，根据底数 a 的取值不同来判断函数的单调性. 这里蕴含着分类思维：函数与方程、不等式之间的关系是从函数的观点认识方程与不等式，蕴含了数学类比思维与化归思维；函数单调性与导数之间的关系是借助导数的性质研究函数的变化规律，蕴含了极限思维与数学逻辑思维. 高阶思维的培养不是一劳永逸的，而是一个长期、复杂、系统的研习过程. 高阶思维更不是靠教师"教"出来的，而是靠学生"悟"出来的.

反思性数学学习的基本特征是它的探究性，在数学学习活动中探究问题和答案，不断学习策略，建构自己对问题的理解，产生超越已有信息的信息. 反思性数学教学可以帮助学生从"例行公事"的行为中解放出来，帮助他们学会数学学习，使他们在数学学习活动中成为有目标、有策略的主动者. 反思不仅仅是对数学学习一般性的回顾或重复，而是数学活动中所涉及的知识、方法、思路、策略等，具有较强的科学研究的性质；反思的目的也不仅仅是回顾过去，或培养元认知意识，更重要的是指向未来的活动，更好地提高学习效益.

例如，在教学"算术平均数与几何平均数"时，如何使用"一正二定三相等"？

已知 $x,y \in \mathbf{R}^+$，且 $x+y=1$，求 $\dfrac{1}{x}+\dfrac{1}{y}$ 的最小值.

学生甲：由均值不等式 $\dfrac{1}{x}+\dfrac{1}{y} \geqslant 2\sqrt{\dfrac{1}{x} \cdot \dfrac{1}{y}}$，只需要找到 $\sqrt{xy}$ 的最大值，再由均值不等式 $\sqrt{xy} \leqslant \dfrac{x+y}{2}$，且 $x+y=1$ 为定值，得 $\dfrac{1}{x}+\dfrac{1}{y} \geqslant 2\sqrt{\dfrac{1}{x} \cdot \dfrac{1}{y}} \geqslant 2 \times \dfrac{1}{\frac{1}{2}}=4.$

通过两次运用均值不等式，就将这一问题解决了.

在此基础上，将上述问题转化为求 $\dfrac{1}{x}+\dfrac{2}{y}$ 的最小值.

学生乙：答案应该为 $4\sqrt{2}$，$\dfrac{1}{x}\cdot\dfrac{2}{y}\geqslant 2\sqrt{\dfrac{1}{x}\cdot\dfrac{2}{y}}\geqslant 2\times\dfrac{\sqrt{2}}{\dfrac{1}{2}}=4\sqrt{2}$.

学生丙：如果上述方法正确，则有 $x=y=\dfrac{1}{2}$，而 $\dfrac{1}{x}+\dfrac{2}{y}$ 的最小值就该为 3，矛盾了.

问题出在哪里？数值的变化会引起方法的变化？正确的解决方法又是什么呢？

学生丙：问题出在均值不等式的"一正二定三相等"的相等上，前后用了两次均值不等式，$\sqrt{xy}\leqslant\dfrac{x+y}{2}$ 要求 $x=y=\dfrac{1}{2}$，而 $\dfrac{1}{x}+\dfrac{2}{y}\geqslant 2\sqrt{\dfrac{1}{x}\cdot\dfrac{2}{y}}$ 要求 $\dfrac{1}{x}=\dfrac{2}{y}$，这两个等号不能同时成立.

经过讨论，学生明白了两次用均值不等式，因为两次等号能同时成立，而改后的例题用两次均值不等式就失效了，因为等号不能同时成立.

学生丁：巧用条件 $x+y=1$，$\dfrac{1}{x}+\dfrac{2}{y}=\left(\dfrac{1}{x}+\dfrac{2}{y}\right)\cdot 1=\left(\dfrac{1}{x}+\dfrac{2}{y}\right)(x+y)$，$\dfrac{1}{x}+\dfrac{2}{y}=3+\dfrac{y}{x}+\dfrac{2x}{y}$，再考虑用均值不等式，所以 $\dfrac{1}{x}+\dfrac{2}{y}\geqslant 3+2\sqrt{2}$，当且仅当 $\begin{cases}x+y=1,\\ \dfrac{y}{x}=\dfrac{2x}{y}\end{cases}$ 即 $\begin{cases}x=\sqrt{2}-1,\\ y=2-\sqrt{2}\end{cases}$ 时，等号成立，所以最小值为 $3+2\sqrt{2}$.

学生甲：可以考虑三角代换，$x,y\in\mathbf{R}^{+}$，且 $x+y=1$，令 $x=\sin^2\alpha$，$y=\cos^2\alpha$，其中 $\alpha\in\left(0,\dfrac{\pi}{2}\right)$，则 $\dfrac{1}{x}+\dfrac{2}{y}=\csc^2\alpha+2\sec^2\alpha=\cot^2\alpha+1+2(\tan^2\alpha+1)=3+\cot^2\alpha+2\tan^2\alpha$，再用均值不等式，同样得到结果.

（四）深度教学是发展性教学

深度教学关注学生的学习过程，重视学生在学习前后状态的改变，通过优化深度学习的教、学、习、评，让学生经历有意义的学习过程，掌握学科的核心知识，把握学习内容的本质特征，体验学习内容的思维方法，促进学生关键能力与核心素养的发展，形成积极的情感和态度. 因此，教学的评价方式是多元智能的，以表现性、形成性、诊断性、引导性评价为主，借此打破"教师中心"与"学生中心"的评价对峙，建构耦合共生的师生关系和同频共振的

"教、学、习、评"共同体. 深度教学的评价着重揭示学生在面临问题时做了什么、做到了什么程度、还可以继续做什么、所做的与学生所思考的是否保持一致等. 例如，函数概念、函数性质均蕴含数学抽象素养，这是通过对数量关系与空间图形的抽象得到数学研究对象的素养. 因此，对数学抽象素养的测评可以借助函数概念与函数性质这两个主题，基于数量关系与空间图形两个领域，从情境与问题、知识与技能、思维与表达、交流与反思四个方面，结合发展与进阶视角来构建数学抽象素养的二维测评框架. 横向维度包含数学量关系与空间图形两个内容. 此外，根据《课标》中关于数学抽象素养水平的阐述，将纵向水平分为归纳与释义、概括与模仿、构造与表达三个层面，从而可以评价学生在数学抽象素养上不同学习内容的不同水平.

下面是对高二学生的立体几何思维水平进行的评价研究.

（一）数据的收集整理和初步分析

研究者对样本学校学生进行了测试，回收有效问卷 662 份，其中理科 523 份，文科 139 份，并对个别同学进行了更深入的访谈交流.

在解决立体几何问题时，得到的结果如下：

（1）不论文科还是理科、男生还是女生，用向量法的得分均高于用几何法的得分.

（2）思维水平高的学生更善于运用几何法，并且用向量法的得分和用几何法的得分基本一样.

（3）思维水平中等的学生在简单证明中会运用几何法，在复杂证明题和计算题中更倾向于运用向量法.

（4）向量法提高了学生特别是中等学生解决立体几何问题的能力，但同时削弱了学生的逻辑推理能力和空间想象能力.

以上采用的是 SOLO 理论，即从学习结果的角度来划分学生的思维水平.

（二）学生立体几何思维水平的划分

研究者试着结合 SOLO 理论和 Van Hiele 理论，运用"模糊聚类分析（Fuzzy Clustering Analysis）"对学生思维水平情况进行分析，既注重每个层次学生的思维水平区别，又兼顾各层次学生学习结果的区别，从而有利于他们思维水平的发展.

将全体学生入校后 4 次测验各科总成绩作为样本，利用模糊聚类分析——系统聚类法，当置信水平 $\lambda=0.8$ 时，将学生分成了 5 类. 根据每类学生的主要特征，结合我校学生的综合素质，并尽可能地结合 SOLO

理论中关注学习结果和 Van Hiele 理论中关注学习过程变化各自的特点，对学生立体几何思维水平进行了如下表所示的 6 个水平的划分.

水平	活动	描述词	具体表现
0	辨认	前结构，默会的知识	无法理解问题，胡乱猜想和重复
1	定义认识	单结构，想象、直觉的知识，分析，简单演绎	知道空间中线线平行和垂直，线面平行和垂直，面面平行和垂直的定义；知道空间向量的定义；看得懂直观图
2	定义理解	多元结构，书面知识，初步形式的演绎	能够计算空间中简单图形的表面积、体积、距离，证明线线平行和垂直，线面平行和垂直，面面平行和垂直；理解空间向量的加减法，数乘向量，数量积的意义；能够在给出空间坐标系的情况下，写出简单图形中的点的坐标
3	性质理解	多元结构，书面知识和理论知识，形式的演绎	理解空间向量的基本定理；能够证明空间中复杂图形的线线平行和垂直，线面平行和垂直，面面平行和垂直；能根据图形特征恰当建立坐标系；能用坐标方法解决线线平行和垂直，线面平行和垂直，面面平行和垂直，点到面的距离以及线线角、线面角、二面角
4	综合运用	关联结构，理论知识，形式的演绎	能够用几何方法作出并计算复杂图形中的线面角、二面角的平面角和点到面的距离；能合理利用等体积法、三余弦定理、类比平面几何知识方法等数学思想方法和一些既有结论解决问题
5	扩展抽象	严密的演绎	透彻理解并能合理使用立体几何中的点、线、面、角、距离、向量等性质和反证、类比等数学思想方法解决复杂立体几何问题；质疑、猜想或发现其他性质或问题；能利用数学建模思想解决生活中有关立体几何的问题

（三）学生立体几何思维水平的评价方法

1. 样本收集

对全体学生进行了一次立体几何的测试和问卷调查，共收回 619 份有效问卷.

2. 量化模式：加权计分

按照上述水平划分，将这次测试题也进行了相应的划分，按照水平 1～5 分别对应 1～5 分加权计分的方法将学生得分水平进行了量化，用作分析.

3. 学生立体几何思维水平的评价

(1) 贝叶斯判别法（极大似然判别法）.

当来自 k 类的像元被分到 l 类时会引起分类损失或代价，将待分类像元归属到付出代价最小的那一类中，也即冒风险最小的一类中，即贝叶斯判别法.

按照贝叶斯判别法，取潜在类别 $C=5$，编写 MATLAB 程序，运行程序后得到了后验概率矩阵，即每个学生属于每个层次的概率.

如 A 同学的后验概率为 $[0.3815, 0.5880, 0.0305, 9.42\mathrm{E}-06, 2.32\mathrm{E}-12]$，即 A 同学达到 lev4 的概率最大，因此 A 同学的思维水平是 lev4.

优点：可以较准确地反映个体在总体样本中的水平. 影响我们判断学生思维水平的因素繁多，贝叶斯判别法可以降低错判的风险.

不足之处：特别依赖于观测样本.

(2) 模糊 C 均值聚类法.

为了降低初始数据对分析结果的影响，使用模糊 C 均值聚类法.

按照模糊 C 均值聚类法，学生进行模糊聚类分析，取潜在类别 $C=5$，隶属度矩阵的指数 $q=2$，隶属度最小变化量. 编写 MATLAB 程序，运行程序经过 53 次迭代后，隶属度矩阵已收敛，得到了各类中心矩阵和模糊隶属度矩阵（即每个学生属于每个层次的隶属度）.

结果分析：

①中心矩阵分析：模糊隶属度矩阵达到收敛标准后，可以发现达到 lev1~lev5 五个水平的学生分别有 4，55，285，247，28 人，占比分别为 0.67%，8.89%，46.04%，39.90%，4.52%.

②模糊隶属度矩阵分析：如 A 同学的模糊隶属度为 $[1.05\mathrm{E}-05, 0.1197, 0.8788, 0.0015, 3.74\mathrm{E}-09]$，A 同学属于 lev3 的隶属度为 0.8788，我们认为 A 同学的思维水平是 lev3. B 同学的模糊隶属度为 $[1.78\mathrm{E}-05, 0.4190, 0.5797, 0.0013, 7.69\mathrm{E}-10]$，B 同学属于 lev3 的隶属度为 0.5797，属于 lev4 的隶属度为 0.4190，我们认为 B 同学的思维水平正从 lev3 过渡到 lev4.

优点：聚类结果对初始化数据不敏感.

不足之处：该结果是单个学生样本相对于收集的 619 个学生样本的总体情况来分析的，并不能反映出单个学生在全国所有学生中的情况.

（3）加权得分分析.

为了反映学生在全体中的情况，再重新量化学生的得分来分析，即将学生回答每类问题的得分先归一化得到每个学生在各水平测试题的得分 $x_i(i=1,2,3,4,5)$，然后根据贡献率重新确定各类问题的权重. 得到的新的量化公式为 $y=x_1+1.1159x_2+1.2657x_3+1.3757x_4+3.6826x_5$. 通过加权计算，当达到基础分的 85% 时，认定为达到了该水平.

（4）评价结果.

综合三个分析方法结果，按平均结果分组，得到下表.

思维水平	1	2	3	4	5
得分区间	0~3.1917	2.7750~5.7917	4.6333~10.475	5.6000~12.85	12.2117~15
人数	3	50	300	233	33
百分比	0.48%	8.08%	48.47%	37.54%	5.33%
累计人数	619	616	566	266	33
累计百分比	100%	99.52%	91.34%	42.87%	5.33%

根据上表可发现，样本学生立体几何思维水平达到 lev4 的占到 42.87%，这部分同学已基本能顺利解决高考大纲要求的立体几何问题；属于 lev3 的学生占到 48.47%，这部分同学还需要进一步提高自己的能力；还有 8.56% 的同学没有达到 lev3，说明他们在基础方面还有较大的漏洞.

第二节　深度教学的素养指向

深度教学起源于郭元祥教授自 2007 年以来开展的教学改革实验研究项目，主要针对课堂教学中普遍存在的对知识的表层学习、表面学习的局限性，主张通过知识的深度处理，引导学生深度学习. 深度教学并非要无限增加知识难度和知识量，而是基于知识的内在结构，通过对知识的完整处理，引导学生从符号学习走向学科思想和意义系统的理解和掌握. 它强调为理解而教，为思想而教，为意义而教，为发展而教，使教学过程由以知识为中心转向以学生发展为中心.① 如果说，基于核心素养的"课改"旨在解决教师"教什么"和学生"学什么"的问题，那么，基于深度教学的"改课"则着力解决教师"怎样教"和学生"怎样学"的问题. 因此，深度教学有利于克服课堂变革的技术主义取向，实现教学方式和学习方式的变革，真正使课堂指向学生核心素养的培育.

知识是课堂教学的载体，知识教学的目的是发展学生的核心素养. 深度教学是教师借助于一定的教学活动情境，深入知识内在的逻辑形式、意义领域，挖掘知识内涵的丰富价值，实现知识促进学生发展的教学. 在数学教学中，数学知识以其自然语言、图形语言、符号语言等诠释其内容，呈现出数学知识所特有的"冰冷"而"美丽". 数学知识的符号维度是数学知识传承的载体，具有显性特征. 逻辑维度是指数学知识创生背后的思考和行为方式，数学抽象、逻辑推理、数学建模、数学运算、直观想象和数据分析等数学思想、方法是数学知识逻辑维度的主要形式，具有隐性特征. 数学知识的深度教学既是数学知识的完整性教学，又是指向知识内核的深层次教学. 数学知识的深度教学是实现学生发展数学核心素养的必然要求.

一、直观想象与数学抽象

在核心素养的背景下，深度教学通过构建直观情境引导学生逐渐地进行知识探索，这样不仅能够加深学生对知识的印象，更能够提升学生对于知识的理解和掌握，提升学生对于数学抽象知识的理解.

（一）直观想象的内涵与外延

直观想象，顾名思义就是"直观＋想象". 直观是几何直观，即借助于见到和想到的几何图形的形象关系产生对数量关系的直接感知. 想象是空间想象，即根据具体图形的特点和解决它的需要，分解、组合，出现异于当前图形的新图形. 一般地，我们认为直观想象就是：借助几何直观和空间想象感知事物的形态与变化，利用图形理解和解决数学问题的过程.

对于直观想象，我们可以从分解和整合的角度去思考：首先，直观和想象是不同的思维方式，需对它们的性质、方法、特点等进行分开探讨. 其次，考虑两者的联系和关系，想象也可建立在直观的基础之上，视为直观的延伸，二者结合成一个连续性的整体. 我们可以将"直观想象"这一核心素养视为"几

---

① 郭元祥. 课堂教学改革的基础与方向——兼论深度教学［J］. 教育研究与实验，2015（6）：5.

何直观"和"空间想象"观念的发展与融合.

（二）直观想象的表现形式

鲍建生教授在"高中数学课程标准修订中的若干问题"的讲座中谈及聚焦"数学核心素养"，介绍了作为核心素养的直观想象以下 4 个方面的表现形式：

（1）利用图形描述数学问题.

（2）利用图形理解数学问题.

（3）利用图形探索和解决数学问题.

（4）构建数学问题的直观模型.

《课标》对直观想象能力的要求——通过对整体图形的把握去培养和发展空间想象力：一是提升空间想象能力；二是增强推理论证能力；三是建立用向量来处理空间几何问题的知识体系.

高考数学中，有"数学生命线"之称的立体几何是高考备考的重点内容，近三年的全国卷采取"1 大 2 小"（一道解答题和两道选择填空题）的结构考查立体几何，具有"入手容易，难度中等"的特点，也有作为选填压轴的题目. 重点考查空间直线、平面的位置关系，特别是线面、面面平行与垂直关系的判断与证明，考查空间中的角和距离以及几何体的面积和体积的计算，考查学生的空间想象能力和逻辑推理能力.

（三）直观想象构建的实践研究

在日常的教学中发现，学生刚接触立体几何，就被几何图形纷繁芜杂的线面关系所困扰. 我们就学生在立体几何学习中的主要障碍做了一个实际调查，其结果如图 1-1 所示.

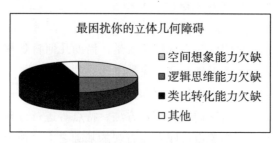

图 1-1　最困扰你的立体几何障碍调查结果

由图 1-1 可以发现，空间想象能力的缺失占到了 1/4，所以直观象限的构建迫在眉睫.

1. 加强形象直观理解

教育家乌申斯基曾说："直观的教学不是以抽象的概念和词语为依据，而是以学生的直接感知的具体形式为依据的."因此在教学中有意识地使用立体几何模型，是帮助学生顺利进入立体几何之门的有用钥匙.教师利用立体几何模型，可以使得很多问题变得直观易懂，能较快地提升学生的空间想象能力.

如图，在三棱柱 $ABC—A_1B_1C_1$ 中，若 E、F 分别为 AB、AC 的中点，平面 EB_1C_1 将三棱柱分成体积为 V_1、V_2 的两部分，那么 $V_1 : V_2 = $ _____.

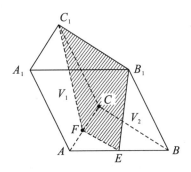

对于此图，如果不仔细分析，很容易将右边的几何体看成三棱柱，导致解题错误.

2. 模型化

如正方体模型、墙角模型、鳖臑模型（4个直角的三棱锥）.

如图，网格纸上小正方形的边长为1，粗实线画出的是某多面体的三视图，则在该多面体的各条棱中，最长的棱的长度为（　　）

A. $6\sqrt{2}$ B. 6 C. $4\sqrt{2}$ D. 4

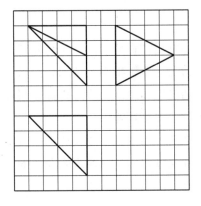
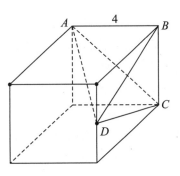

作为压轴选择题，放在模型里面更容易解答，图形更准确.

3. 合理转化

对于立体几何问题，可以考虑图形转化、元素的转化、空间向平面的转化、几何问题向代数问题的转化等，如正四面体的外接球问题，异面直线所成角问题.

如图，已知六棱锥 $P-ABCDEF$ 的底面是正六边形，$PA \perp$ 平面 ABC，$PA=2AB$，则下列结论正确的是（ ）

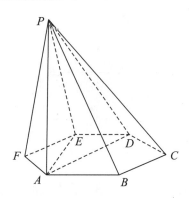

A. $PB \perp AD$

B. 平面 $PAB \perp$ 平面 PBC

C. 直线 $BC \# $ 平面 PAE

D. 直线 PD 与平面 ABC 所成的角为 $45°$

适当地运用三垂线定理进行转化，将空间问题转化为平面问题，也更容易得出垂直关系.

二、逻辑推理与数学建模

推理作为不可或缺的数学思想方法始终贯彻在数学的产生与发展之中，是深度教学的必然追求. 基于对数学核心素养中逻辑推理的认识，逻辑推理不仅仅是数学学习与理解的方式，它还是生活必需的思维品质. 因此，深度教学过程中应该注重使用教学策略来培养学生的逻辑推理能力.

高中数学涵盖函数、几何代数、概率统计以及数学建模等多个模块. 部分教师和学生认为，只有借助几何知识才能达到培养逻辑推理素养目的. 但事实上各个模块都涵盖逻辑推理思想，教师在实际教学过程中应积极开发其他知识模块中涵盖的逻辑推理素养. 以函数相关知识为例, 作为高中数学重要组成内容, 在高中阶段发挥着不可小觑的作用, 数列则是一种较为特殊的函数知识, 如等差数列、等比数列等内容. 教师在讲解等差数列概念时, 先为学生列出具有等差数列性质的数列, 并在此基础上指导学生对其特征和规律进行判断, 当学生自主思考和相互讨论后就可引入等差数列概念以及在学习中需注重的部分, 在此过程中运用归纳法和累加法培养学生逻辑思维能力, 从而提高思维的灵活性.

在深度教学中, 学生思维灵活性的实现来自数学知识的迁移与模型的迁移. 著名数学家华罗庚用"由薄到厚"和"由厚到薄"两个基本过程, 形象地解释了知识储备、数学模型与学生能力之间的辩证关系. 所谓"由薄到厚", 指的是学习知识、构建知识框架、数学模型的过程; 而"由厚到薄"则是消化提炼、探索本质、迁移应用、提升能力的过程.

高中数学建模主要有方程模型、不等式模型和数列模型三大类型. 数学建模思想贯穿于高中数学的不同阶段.

第一阶段为简单建模阶段. 这一阶段的主要任务是使学生明白何为"数学建模", 初步掌握"数学建模"的基本步骤, 具有数学建模的意识, 进而通过模仿和实践, 体会由实际问题到数学模型建立的建模过程. 具体来说, 精心选择一些较简短、易理解的生活实例, 由师生共同建立数学模型. 在这个阶段, 通常选择那些仅仅运用基本的数学知识与方法就能解决的实际问题作为例题, 重点放在如何运用数学形式刻画和构造模型方面. 因此, 这一阶段主要是指高一、高二年级的数学建模活动.

例如在"函数单调性"教学中, 借用人教A版必修4"三角函数模型的简单应用"一节中的某市一天24小时内的气温变化图, 让学生根据气温变化图的变化趋势讨论下列问题.

问题1: 你能说出"图象呈逐渐上升 (下降) 趋势"的意思吗?

问题2: 你能从"数"的角度描述"图象呈逐渐上升 (下降) 趋势"的意思吗?

问题3: 你能用数学语言准确刻画函数的这种变化趋势吗?

虽然此教学案例不是一次完整的数学建模活动, 但这种数学活动与数学建模的过程有很大的相似性: 首先要求学生能用文字语言去描述这一实际情境, 进而将文字语言转化成符号语言, 从而抽象出增函数的概念, 这本身就是一个数学建模的过程. 本题从学生非常熟悉的一天24小时气温变化这一实际背景入手, 不仅能有效激发学生的探究欲, 而且对刚进入高一的学生来说, 有助于他们初步建立其数学建模的意识、掌握数学建模的基本步骤.

第二阶段为典型案例建模. 这一阶段主要是指在高三应用性专题复习阶段，综合利用函数、不等式、数列、概率与统计等有关知识和常用的建模方法，建立并解答数学模型. 本阶段的重点并不是特定的数学知识的应用，而是综合运用基本的数学知识、原理和方法对所讨论的问题寻求一个最优的解决方案.

在深度教学中常用以下三种数学建模思想.

1. 转换思想

转换思想是将生活实例问题转换为数学问题进行解决. 例如工程中的用料最省、利润最大问题，可转换为函数最值问题来解决；电路信号、音频震动、潮水涨落周期问题，可转换为与周期相关的三角函数模型问题来解决；中学生身高和体重的关系、红铃虫产卵数与温度的关系问题，可转换为线性回归、非线性回归问题来解决；多重约束条件下的最优解问题，可转换为线性规划问题来解决.

例1 海水受日月的引力，在一定的时候发生涨落的现象叫潮，一般地，早潮叫潮，晚潮叫汐. 在通常情况下，船在涨潮时驶进航道，靠近船坞；卸货后，在落潮时返回海洋. 下面是某港口在某季节每天的时间与水深的关系表：

时刻	水深（米）	时刻	水深（米）	时刻	水深（米）
0：00	5.0	9：00	2.5	18：00	5.0
3：00	7.5	12：00	5.0	21：00	2.5
6：00	5.0	15：00	7.5	24：00	5.0

（1）选用一个函数来近似描述这个港口的水深与时间的函数关系，并给出整点时的水深的近似数值.（精确到0.1）

（2）一条货船的吃水深度（船底与水面的距离）为4米，安全条例规定至少要有1.5米的安全间隙（船底与洋底的距离），该船何时能进入港口？在港口能待多久？

（3）若某船的吃水深度为4米，安全间隙为1.5米，该船在2：00开始卸货，吃水深度以每小时0.3米的速度减小，那么该船在什么时间必须停止卸货，将船驶向较深的水域？

【建模分析】以时间为横坐标，水深为纵坐标，在直角坐标系中画出散点图，根据图象，可以考虑用三角函数来刻画水深与时间之间的对应关系，如图所示．这样生活中的潮汐现象就可转化为三角函数问题来解决．

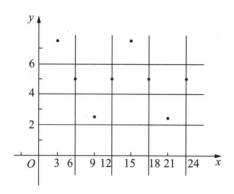

2. 数形结合

数学教学不是单一的计算，更多时候需要具体生动的图解，将自然语言转变为数学语言，或者借助图形解决数学问题．这时，可能需要应用到几何画板、MATLAB 等软件，通过实时的动态模拟，实现数、图、表的多元联系．

例 2　某工厂用 A、B 两种配件生产甲、乙两种产品，每生产一件甲产品使用 4 个 A 配件耗时 1 h，每生产一件乙产品使用 4 个 B 配件耗时 2 h．该工厂每天最多可从配件厂获得 16 个 A 配件和 12 个 B 配件，按每天工作 8 h 计算，该厂每天所有可能的生产安排是什么？

【建模分析】教师引导阅读理解后，列表→建立数学关系式→画平面区域，这样生产安排问题就转化为线性规划求最优解问题．

3. 分类讨论

分类讨论思想，在实际建模案例中，需要根据生活实际进行分类讨论，一般应用于函数问题．

例 3　某商品在近 30 天内每件的销售价格 p(元) 与时间 t(天) 的函数关系是什么？

该商品的日销售量 Q(件) 与时间 t(天) 的函数关系是什么？求这种商品的日销售金额的最大值，并指出日销售金额最大的一天是 30 天中的第几天？

【建模分析】显然，销售金额＝销售价格×销售量，而由于销售价格是分段函数，所以日销售金额也是一个分段函数，进而转化为分段函数求最值问题.

数学建模是从实际问题中抽象、提炼出数学模型（数学式子）的全过程，其主要步骤如下：

第一，理解问题——了解问题的实际背景，明确其实际意义，掌握对象的各种信息，进而用数学语言来描述问题；

第二，简化假设——对研究的对象提出假设，做出限制性条件，简化对结果影响不大的因素；

第三，建立模型——在假设简化的基础上使用规范的数学工具表述变量之间的关系，建立数学结构；

第四，求解模型——对模型的所有参数做出计算或近似计算，并对所得的结果进行数学上的分析；

第五，检验模型——将模型分析的结果与实际情形进行比较，以此来验证模型的准确性、合理性、适用性. 如果模型与实际较吻合，则要对计算结果给出其实际含义，并进行解释.

上述步骤流程见图1－2.

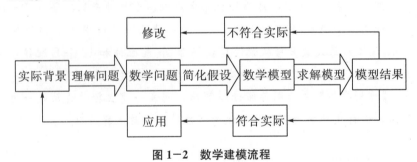

图1－2 数学建模流程

利用课本中的已有问题进行发掘改编是高中数学课堂渗透数学建模教学的立足点和出发点.

在人教A版选修4－5不等式选讲中的"证明不等式的基本方法"一节中有这样一个例题：

如果用 a kg 白糖制出 b kg 糖溶液，则糖的质量分数为 $\frac{a}{b}$，在上述溶液中再添加 m kg 白糖，此时糖的质量分数增加到 $\frac{a+m}{b+m}$. 将这个事实抽

象为数学问题，并给出证明．因为这一例题所抽象出的不等关系 $\dfrac{a}{b} <$

$\dfrac{a+m}{b+m}(0 < a < b)$，这样的例子在实际生活中大量存在．

　　为了让学生更好地理解、掌握这一数学模型，可以改编为如下变式：建筑学规定民用住宅的窗户面积必须小于地板面积，但按照采光标准，窗户面积与地板面积的比值应不小于10%，且这个比值越大，住宅的采光条件越好，问：同时增加相等的窗户面积和地板面积，住宅的采光条件是变好了还是变坏了？请说明理由．上述变式从教材典型例题入手，通过深度挖掘与改编，不仅使学生掌握了这一问题及由此衍生出的相关问题的数学建模过程，而且使数学建模在日常教学内容中得以充分落实．

三、数学运算与数据分析

　　数据分析普遍存在于人们的生产生活中，国家管理、企业生产经营都需要数据分析提供强力的支撑．数据分析也是高中数学核心素养的重要内容，在高中数学教学过程中，通过培养学生的数据分析能力，能够较好地锻炼学生的样本抽取、数据运用和分析的能力，强化总体估计的抽象思维与逻辑推理能力，提升数据分析与数学运算水平，这是高中数学深度教学的重要内容．

　　数据分析的价值在于以样本数据为支持，能够对总体情况进行估计，尤其是在总体数量较大的情况下，数据记录存在一定难度，样本数据分析就成为一项重要内容．为确保估计的合理性，必须正确运用抽样思想方法，加深学生对于随机抽样的理解，逐层递进引入生活案例，让学生感知数据分析，激发对数据分析学习的积极性．

　　例如在高中数学教学过程中，可提出这样的问题：如何了解班级内学号为1~15的同学的平均身高？如何了解全班同学的平均身高？如何了解整个年级同学的平均身高？如何了解整个高中学生的平均身高？利用此种逐层递进的提问方式，学生的范围不断扩大，数量不断增多，在数据分析过程中无法一一进行记录，数据处理的工作量较大．此时可正确运用抽样方法，获取样本数据，以样本数据为支持来估计总体情况，确保数据分析的科学性与合理性．在高中数学教学过程中，要注重学生主体作用的发挥，通过生活例子的引入，激发学生的生活体验，促使学生认识到数据分析的重要性，强化学生的抽样思维，让学生更好地参与到数学学习活动中．

为有效强化学生的数据分析能力，要引导学生掌握数据记录的工具和运用方法，这就能够更好地处理所获取的样本数据，为数学问题的顺利解决提供可靠的支持. 基于以往不同学习阶段所学的数据记录相关知识可知，频数条形图、扇形统计图、频率分布直方图以及茎叶图等都是可行的方法，能够记录样本数据，彼此之间存在一定差异. 在高中阶段，为更好地开展"概率与统计"教学活动，教师要引导学生对这些不同的数据记录方法进行对比分析，明确各自的优势与不足，并探讨频率分布直方图与茎叶图之间的内在联系. 利用此种教学方式，学生能够认识到，通过频率除以组距，能够确定频率分布直方图的纵坐标，这刚好就是频率分布直方图与频数条形图之间的不同. 频数条形图以频率作为纵坐标，通过观察可知，每一组的频率就是频率分布直方图中相对应条形的面积，其和为1，因此频率分布直方图得以应用. 通过频率除以组距，就能够将频率与概率之间的联系充分地展现出来，有助于强化学生对于数据分析工具的掌握和运用，促进学生数学思维的形成.

在实际教学过程中，引导学生对比频率分布直方图与茎叶图，明确二者的优势与不足，以便在数据记录过程中更好地运用，为数据分析的顺利进行打下良好的基础. 就频率分布直方图来看，其能够将样本分布情况进行直观的反映，便于观察，一目了然，但其不足之处在于，无法将原始数据充分地反映出来. 就茎叶图来看，其优势在于，能够便捷地记录数据，可操作性强，但不足之处在于，一旦数据较多，无法准确且清晰地辨认不同图的功能与利弊. 因此在数据处理过程中，要引导学生立足实际情况，明确客观需求，科学选择不同类型的统计图，保证数据记录的规范性与清晰性，促进数据分析的顺利进行.

样本的数字特征在人教 A 版必修 3 中有所介绍，共包含五个量，即众数、中位数、平均数、标准差和方差，各自具有一定意义，以下进行具体分析. 就众数来看，它是样本数据中出现次数最多的. 就中位数来看，在依照一定顺序对数据进行排列的过程中，无论是从小到大排列，还是从大到小排列，它就是处于最中间的数，或者是中间两个数的平均数. 就平均数来看，对于学生来说理解难度较小，但在计算加权平均数的过程中，需要引导学生掌握正确的计算方法，能区分直接计算法与加权平均法之间的相同点与不同点，以便正确运用. 从本质上来看，这两种方法存在共通之处. 标准差实际上就是方差的开方，能够将数据与平均数偏离的具体程度充分反映出来. 数据波动与方差或标准差的大小存在密切联系. 一般情况下，方差或标准差越大，数据的波动越大，数据的稳定性不足. 而数据波动较小的情况下，数据更为稳定. 因此在高中数学"概率与统计"教学过程中，如果能够引导学生对于样本的重要数字特征进行把握，就能够让学生更好地掌握数字特征的计算方法，明确其各自的意义，进而更好地开展数据分析，为数学问题的解决打下良好的基础.

数据分析深度蕴含在数学运算的过程中，要想切实有效地培养学生数据分析能力，以引导学生加强数学运算训练为抓手. 高中数学教学过程中要培养学生抽取样本、数据利用与分析、总体估计的综合能力. 为促进样本数据分析的规范进行，我们必须做好样本数据的运算工作. 目前教材例题与练习题中，所包含的样本数据较为烦琐，计算难度较大，这是因为数学知识与现实生活存在着密切的联系，教材中的样本数据来源于现实生活，有可能存在数据较大或者带有小数的情况. 在高考概率题中也存在类似的情况，样本数据多而烦琐，求解时要求学生具备良好的数据处理和分析运算能力，以保证数据处理的有效性.

例如　一年按照 365 天计算，2 个人的生日同为一天的概率会是多少？同样，动点 $A(x,y)$ 在圆 $x^2+y^2=5$ 上运动，求出动点 A 停留在第一象限的概率.

针对第一个概率问题，引导学生进行思维发散，运用类比分析方法找准解题思路，进而促使学生结合排列组合知识对这一概率问题进行数据分析解答，即 $n=365\times365$，$m=365$，所以 $P=\dfrac{m}{n}=\dfrac{1}{365}$. 而对于第二个问题，教师应引导学生运用数形结合策略对这一概率问题进行画图实践解题，进而更加直观地分析探究问题的数据，即圆的周长为 n，$n=2\sqrt{5}\,\pi$. 圆在第一象限部分的弧长就是 m，$m=\dfrac{1}{4}\times2\sqrt{5}\,\pi$，通过公式 $P=\dfrac{m}{n}$，得 $P=\dfrac{1}{4}$.

由上面两个问题可以看出，高中数学教学培养学生的数据分析能力，需强化学生思维的灵活性，打破原有"就题做题"的思维，通过结合同类问题解答方法和借助图形等手段来支持并有效开展数据分析，顺利高效解决问题，让学生体验到数学知识的魅力，课堂教学成效也能够得到明显改善.

综上所述，人类新知的获取以及社会创新发展的实现，都离不开深度数据分析的支持. 在高中数学"概率与统计"教学过程中，通过引导学生感受数据分析的重要性、掌握记录数据工具及分析数据方法、熟悉样本重要数字特征、强化运算能力等多举措并用，切实有效地培养学生的数据分析能力，进而通过良好的数据分析来解决数学问题. 这有助于提高学生的数学水平，高中数学高效教学也得以顺利实现.

第二章　数学深度教学的策略方法

　　华中师范大学郭元祥教授讲述到，深度教学课堂具有三大特征：一是理解性的课堂，不是灌输性的课堂．以对知识的内在本质和意义、思维和方法的理解为基础，对不同类型的知识作不同教学方式的处理，如陈述性知识、概念性知识、程序性知识、元认知知识，同时注重学生新知识结构的形成．二是建构性的课堂，不是接受性的课堂．注重学生对知识意义的自我叙述和自我表达，以学科能力、学科思想、学科问题解决的方法为学生的建构目标．三是反思性的课堂，不是表演性的课堂．注重学生的自我总结、归纳与感悟，学生的自我反思，如理解性、结构性、意义感等．另外，郭教授也非常关注学生学习的自我感，即深度教学特别强调学生的自主学习以及学生对学习过程的自我监控，强调学生自觉建立学习内容与自我人生的内在联系，强调学生对学习过程和学习体验的自我反思．此外还有学生学习的效能感．学习效能感是反映学习质量和学习过程体验的一种指标．学习效能感高的学生，往往对学习活动及其内容具有正确的意义理解，学习过程中伴随着积极的情感体验，有效率、有收获、有成就．

　　教师在教学时需从学生的未来成长角度出发，结合核心素养开展数学深度教学．深度教学理论要求教师在进行教学时从学生的认知规律出发，由简入深地去引导学生进行知识学习．也就是说，教师在教学时不能够局限于教学成绩，应在了解教学核心素养的要求下对学生进行引导．中学阶段的学生正处于数学知识自我构建的关键阶段，教师在进行教学时也要关注学生核心能力的发展．那么结合深度教学课堂的三大特征，我们应如何进行高中数学的深度教学呢？通过在实践中探索、探索中总结，我们认为有情境探究法、问题导向法、过程体验法和激励评价法四种策略．其中，情境探究法注重创设情境，从具体的实例出发，展现数学知识的发生、发展过程，使学生能够经历数学的发现和创造过程，了解知识的来龙去脉；问题导向法是以解决问题为导向，基于问题式的学习，从提出问题出发，以培养学生提出问题意识，批判性思维技巧，以及解决问题的实践能力为主要目标的学习方法；过程体验法和激励评价法有一个共同之处，即重在体验，只不过一个是过程产生的获得体验，一个是评价产生的心理体验．这些策略方法帮助学生由知识现象去查看事物本质，将难以理解的抽象知识转变为学生的实践能力，让学生结合深度学习理论去构建数学知识体系．这也是以往灌输式教学的一种成功改变，它能够完成学生数学能力的深化．

第一节 情境探究法

一、情境探究法概述

"探究式教学"最早是由美国芝加哥大学施瓦格教授在 20 世纪 50 年代的"教育现代化运动"中提出的，该理论倡导学生应该像科学家一样去发现问题、分析问题、解决问题，在探究过程中构建知识．

2003 年颁布的《普通高中数学课程标准（实验）》将数学探究列为贯穿于整个高中数学课程始终的重要内容之一．自此，数学探究式教学逐渐受到我国数学教育界的关注．2020 年颁布的《普通高中数学课程标准（2017 年版 2020年修订)》（以下简称《课标》）仍将"数学探究"作为一条内容主线贯穿于整个高中数学课程标准中，其中明确指出：教师要把教学活动的重心放在促进学生学会学习上，积极探索有利于促进学生学习的多样化教学方式，不局限于讲授与练习，也包括引导学生阅读自学、独立思考、动手实践、自主探索、合作交流等．《课标》还指出："课堂应注意创设情境，从具体的实例出发，展现数学知识的发生、发展过程，使学生能够从中发现问题、提出问题，经历数学的发现和创造过程，了解知识的来龙去脉."同时，《课标》要求教师在课堂中创设一种利于发挥学生主体性的问题环境，通过课前精心设计与课中教师的恰当引导，构建一个流程自然的教学过程．

情境探究法是指教师根据学生学习目标，结合学生生活和社会现实选取具有典型意义的"事例"或背景材料作为情境，当学生被情境所吸引，对其中的现象由疑问而产生探究的冲动，并根据"情境"中的信息进行自主探究，根据必要性进行互动交流、合作学习的过程．这里所说的"情境"，既包含学习过程中关于某一个实际情境的描述，也包含教师为学生自主探究学习而创设的与现实相结合的学习情境和能够激励学生自主探究动机的问题和疑问．

二、基于深度教学的情境探究法研究

深度教学理论指出，教学要引导学生克服对知识的表层学习、表面学习和表演学习，以及对知识的简单占有和机械训练的局限性，教学要基于知识的内在结构，通过对知识完整深刻的处理，引导学生从符号学习走向学科思想和意义，系统地理解和掌握，并导向学科素养的教学. 它要求学习者深度理解知识内涵，主动建构个性化的知识系统和意义系统，并有效迁移运用于解决真实情境中的问题，追求在获得知识意义、建立学科思想、发展学科能力、丰富学科经验的基础上养成学科核心素养. 深度教学以知识观和学习观的重建为根本基础.

基于深度教学的相关要求，情境探究法是为数学的教学和学习专门营造的特定环境，在这个环境中，通过教师的引导手段，学生做出相应的反射，从而产生相应的学习行为. 情境教学就是利用这些生动而形象的情境调动学生的学习积极性的一种新型的教学方法. 情境探究法更注重学生之间的互动交流，其主旨在于教师为学生设立学习情境，从具体的实例出发，展现数学知识的必要性及知识的发生、发展过程，让学生在情境中体验到学习的乐趣，以开阔学生的心智空间，充分唤醒学生的情感体验，培养学生的探究欲望，激发学生究其根本的迫切愿望，使学生能够最大限度地从中发掘规律，究其本质，提升解决具体问题的数学应用能力.

实践证明，在数学深度教学中，适当开展探究活动，有助于增强学生数学学习的动机，提高学生数学学习的兴趣，提升学生对知识的理解；有助于培养学生更加积极的数学学习态度和数学信念，加强数学与生活、数学与社会之间的联系. 在深度教学中，课堂活动要求学生了解知识的背景、发生及发展过程，体会数学的生活性和实用性. 因此，数学深度教学应该在学生身上重现这种情境创设的构建过程.

（一）运用情境探究法的意义

1. 引导学生对数学知识进行重新认识

情境探究法的教学模式要求情境的创设能够有效地体现生活性，体现数学源于生活、服务生活的潜在目标. 通过情境教学模式把数学与生活结合起来，能够引导学生对数学价值进行重新认识，学生一旦在头脑中形成了对数学的正确认识，在学习中就会更加用功.

2. 更新高中数学教学手段，提高学生学习兴趣

传统的教学方式，学生在新知识学习前，教师基本都没有带领学生进行情境导入或者其他的导入，而是直接地进行新知识的讲解，学生更多的是作为一个被动的接受者. 通过情境教学模式，不仅更新了数学教学手段，而且情境导入会激发学生学习数学的兴趣. "兴趣是学生最好的老师"，这样学生学习数学的积极性也会越来越高.

3. 追寻知识本源，激发学生深度学习

数学深度教学要求规避学生对知识的简单学习和任务型学习，教学不能仅仅满足于对知识与技能的简单积累. 情境探究法有利于学生主体性的建构. 置身情境中的学生更容易产生探究的愿望、解决问题的热情与责任感，这样能使学生主动寻找、确证、评价甚至开发信息要素，进而激发学生深度学习.

（二）评价导向：情境试题对学生的能力水平要求

SOLO 分类评价理论是香港大学教育心理学教授比格斯（J. B. Biggs）首创的一种学生学业评价方法，是一种以等级描述为特征的质性评价方法. 这种理论不仅有完整的体系，而且有坚实的实践基础. Biggs 等把学生的认知发展层次水平分为以下由低到高五个层次.

（1）前结构层次（prestructural）：学生基本上无法理解问题和解决问题，只提供了一些逻辑混乱、没有论据支撑的答案.

（2）单点结构层次（unistructural）：学生找到了一个解决问题的思路，但就此收敛，单凭一点论据就跳到答案上去.

（3）多点结构层次（multistructural）：学生找到了多个解决问题的思路，但未能把这些思路有机地整合起来.

（4）关联结构层次（relational）：学生找到了多个解决问题的思路，并且能够把这些思路结合起来思考.

（5）抽象拓展层次（extendedabstract）：学生能够对问题进行抽象的概括，从理论的高度来分析问题，而且能够深化问题，使问题本身的意义得到拓展.

五个层次中，最高水平为抽象拓展结构水平，处于该阶段的学生能够处理线索比较丰富、情境素材陌生的试题，他们能够结合题干和问题情境中的相关

内容，通过一定的思维方法归纳总结线索，最后正确解答试题．数学高考试题以题目为依托对学生的相关能力进行考核，不难发现考试大纲对考生的知识与思维要求与 SOLO 分类理论对学生思维能力的考核有共同之处．抽象拓展层次的试题主要考查学生最高思维能力，重视学生拓展能力的培养，能在陌生情境中提炼出信息，并结合已学知识点推理出新的知识点或结论．

例 1　2020 年 3 月 14 日是全球首个国际圆周率日（πDay）．历史上，求圆周率 π 的方法有多种，与中国传统数学中的"割圆术"相似．数学家阿尔·卡西的方法是：当正整数 n 充分大时，计算单位圆的内接正 $6n$ 边形的周长和外切正 $6n$ 边形（各边均与圆相切的正 $6n$ 边形）的周长，将它们的算术平均数作为 2π 的近似值．按照阿尔·卡西的方法，π 的近似值的表达式是（　　）

A. $3n\left(\sin\dfrac{30^\circ}{n}+\tan\dfrac{30^\circ}{n}\right)$　　　　　B. $6n\left(\sin\dfrac{30^\circ}{n}+\tan\dfrac{30^\circ}{n}\right)$

C. $6n\left(\sin\dfrac{60^\circ}{n}+\tan\dfrac{60^\circ}{n}\right)$　　　　　D. $3n\left(\sin\dfrac{60^\circ}{n}+\tan\dfrac{60^\circ}{n}\right)$

本题以数学文化为背景，对圆周率的求法、内接正多边形性质、圆的外切正多边形的性质、任意角的三角函数、三角形中的边角关系、算术平均数的概念进行考查，题干较长，认真审题，读懂题意是关键，对学生的阅读理解能力要求较高，注意结合图形并利用三角函数的定义来求解．考查数形结合思想、转化思想，体现了直观想象、逻辑推理、数学运算等核心素养，试题较难．解答这类题需要学生将思维发散，创新性地运用归纳、推理、演绎的高级思维方式．

例 2　0−1 周期序列在通信技术中有着重要应用．若序列 a_1，$a_2,\cdots,a_n,\cdots$ 满足 $a_i\in\{0,1\}(i=1,2,\cdots)$，且存在正整数 m，使得 $a_{i+m}=a_i(i=1,2,\cdots)$ 成立，则称其为 0−1 周期序列，并称满足 $a_{i+m}=a_i(i=1,2,\cdots)$ 的最小正整数 m 为这个序列的周期．对于周期为 m 的 0−1 序列 $a_1,a_2,\cdots,a_n,\cdots$，$C(k)=\dfrac{1}{m}\sum\limits_{i=1}^{m}a_ia_{i+k}(k=1,2,\cdots,m-1)$ 是描述其性质的重要指标．下列周期为 5 的 0−1 序列中，满足 $C(k)=\dfrac{1}{5}(k=1,2,3,4)$ 的序列是（　　）

A. 11010⋯　　　　　　　　　　B. 11011⋯

C. 10001⋯　　　　　　　　　　D. 11001⋯

本题以周期序列为背景，判断所给的四个选项中的周期序列是否满足题设条件，主要考查学生对新概念的理解、综合知识的运用和探究能力，体现了新课程改革的理念，培养学生的创新应用能力，试题较难．同时本题还涉及了通信技术，与时俱进，不但有新定义，还有新符号，要求学生具有较强的数学阅读能力和一定的直观感知力．

可以看出，情境试题的命制要符合社会的发展趋势，不能脱离实际，情境创设与素材选取皆应与学生所生活的这个现实世界紧密衔接，要具有与时俱进的特点．这也就要求学生在平时的学习生活中不能一味地追求课本知识，忽略课本以外的其他领域，要求学生留心生活，关注社会．情境试题的立意可以是数学思想方法的融会贯通、探究和应用意识、继续学习的潜能、基础知识的灵活运用等．情境是指撷取恰当的素材和内容当作题材，也作为达成立意的桥梁、介质和媒体，再利用素材开始编拟试题．分析高中数学情境优化策略，以情境构建方法的合理化应用为切入点，总结情境探究法创新应用经验，促进该教学方法在高中数学课堂的规范化、常态化应用．

因此，基于评价导向，情境探究法对当前高中课堂也提出了更高的要求，深度教学中对情境探究法应进行深入的挖掘、思考和实践．

（三）情境探究模式的设计原则

1. 简单可行性

情境探究法想要发挥其在高中数学教学中的作用，不仅需要遵循简单可行性的原则，符合中学生的认知规律，在简单可行性的基础上还要具有可操作性．只有简单可行和易操作两者结合起来，才能使学生直观地明白情境教学模式，不会加重学生学习的负担．如果教师创设的情境在导入时就显得难以理解，那么部分学生从一开始就会丧失兴趣，这违背了情境探究法的最初目标．

2. 趣味性

这一教学模式的创设是本着激发学生学习兴趣而融入高中数学教学的过程中，如果教师创设的情境具有趣味性，不仅会引起学生的注意，而且会让那些昏昏欲睡的学生通过笑来激发大脑，以此来活跃大脑．同时教师创设的情境具有趣味性，能够在教学过程中拉近与学生的距离，让自身的授课变得更加具有意义．教师与学生之间营造良好的师生关系，这不仅符合教育的要求，也是教育的目标．当教师与学生变得亲近时，学生会突破心理防线，更加积极主动地向教师请教问题，从而提高自身的数学成绩.

3. 生活性

情境创设要符合贴近学生、贴近生活、贴近实际的原则，把教学内容与学生生活实际紧密结合起来，触动学生的内心世界，使学生容易进入情境；既要将现实生活中的鲜活材料引入课堂，又要充分利用和挖掘教科书所创设情境的探究价值.

数学的本质源于生活. 高中数学课本上许多知识点的导入和作业的设置都是从现实生活中取材，这样使得数学的生活性更强. 据此，教师的"情境—问题"教学模式应该贴近生活，让学生把课本中学习到的知识运用到实际的生活当中，解决生活中出现的问题，从中体会学好数学的重要性.

（四）情境创设的方法和分类

1. 实物创设，降低学习难度

实物演示情境是一种方便、常用的方法，实物创设是最直观、简便的教学情境创建方式，也能取得不错的效果. 但需要注意的是，当以实物演示情境时，应考虑到相应的背景，以激起学生深远的联想.

教学中，将教学模型、道具、图例等引入课堂当中，通过直接观察，引发学生对于抽象知识的客观理解. 在实物观察后，学生能够明确数学知识中抽象概念的具体含义，在头脑中形成立体化的知识轮廓，进而降低学习难度，辅助教学任务的顺利开展. 在多媒体教学工具普及的今天，教师可在课件中插入与数学知识相关的实物图像和视频，使得实物创设方法具备更广的适用范围. 例如在讲解高中空间几何部分知识时，学生刚接触空间几何知识时尚未形成较强的立体思维，在理解空间几何的结构、特点、三视图时存在一定困难. 教师可将不同的空间几何结构模型带入课堂供学生观察，同时还可借助多媒体技术，完成空间几何体形成过程的动态化演示. 例如演示直角三角形以某一直角边为轴旋转360°后形成圆锥的过程、圆锥表面解剖图等，以辅助学生理解圆锥体积公式、表面积公式的形成原理，让学生对知识的理解和把握变得更加容易.

2. 生活创设，引发学习兴趣

在教学过程中，教师可以把学生带入自然、社会中，从生活中选取某一典型场景作为学生观察的客体，并以教师语言的描绘，鲜明地展现在学生眼前.

事实上，数学学科的魅力就在于它从生活现象中提取数学知识，再利用数学原理解释生活现象. 想要全面提高学生的数学能力和数学素养，实现数学知识的灵活运用是基础要求. 数学知识生活化的难点在于，学生无法顺利找到数学知识与生活实际之间的联系桥梁，该问题可通过情境教学法得到很好的解决. 生活创设通常抛出学生感兴趣的生活现象或话题，通过讨论、分析，激发学生课堂参与热情. 在生活背景的辅助下，数学知识不再死板、枯燥，而是形成一个个有趣的生活案例，逐渐激发学生对数学学科的学习兴趣. 例如，"算法的基本语句"部分知识就是如此. 信息时代，学生每天都能接触到算法知识，电子设备中完成的各项操作都要依托于算法. 此时就可以以 QQ 账号的登录为生活实例，首先引导学生讨论账号登录的后台流程、可能出现哪些情况、满足什么条件才能输出正确的结果等. 然后提出算法的概念，明确网络中各项指令的执行都需要通过算法来完成. 高中学生对于网络、电子产品的接受程度较高，以此为实例引出的算法概念能够极大地激发学生的探究热情和探究兴趣. 在讲解具体语句时，将输入语句、赋值语句、条件语句等概念与账号登录的后台流程一一对应，帮助学生迅速理解不同类型语句的用法和作用. 为提高数学课堂的可探究性，教师还可在适当的时间节点抛出数学实践任务，即在掌握算法部分知识后，尝试自主编写小程序，激发学生自主学习、自主探究意识，真正实现数学知识生活化.

3. 问题创设，促进思维发散

传统高中数学课堂采用单向灌输的形式，学生缺少独立思考的机会，数学思维的养成存在一定限制. 通过巧妙提问创设问题情境，能够引导学生以科学、高效的思考方式和思维流程分析数学知识和原理. 通过长期、反复的练习，提高学生的思维活跃程度，并在潜移默化中锻炼其逻辑思维能力. 在设问前，教师要对教材中的知识点做深入分析，找到具体知识点的最佳思考流程，然后再将流程分段，串联多个引导性的问题. 学生在思考问题、回答问题的过程中，即完成一次逻辑思维的锻炼，养成独立思考的习惯. 问题的提出必须要有针对性和目的性，服务于学生对理论知识的理解和掌握. 例如，讲解"函数与方程"部分知识时，提问：1 万元存入银行，设年利率为 4% 且保持不变，1 年期满后连本带利进行转存，问 X 年后本息和 Y 为多少？该提问方法的巧妙之处就在于，不仅将函数、自变量、因变量的概念穿插其中，还引入了生活中的数学问题. 学生在计算本息和的过程中，可找到有关 Y 与 X 的表达式，从实践入手，反过来对数学理论知识进行探究，以培养学生逆向思维.

通过以上案例可以看出，情境创设从生活实例出发，将学生引入与知识相关的应用场景中，引发学生对于知识的感性认识，进而以感性认识辅助理性认识的形成. 情境探究教学法强调学生学习情感的满足，建立理论知识与生活实际之间的联系，引发学习兴趣，降低学习难度，在高中数学课堂教学中被频繁应用.

4. 艺术创设，感染学生情感

（1）用语言描述情境.

情境教学十分讲究直观手段与语言描绘的结合. 在创设情境时，教师伴以语言描绘，这对学生的认知活动是非常重要的，因为这样的情境会更加鲜明，并带着感情色彩作用于学生的感官，学生的主观感受得到强化，就能激起情感，进入特定的情境之中.

（2）用图画或音乐创设情境.

运用图画再现引入情境，把课堂内容形象化，有利于大多数学生的理解和感悟. 音乐能给人丰富的美感，它能以特有的旋律和节奏塑造出各种形象，把听者带到特有的意境中. 用音乐渲染情境，是创设情境的一种非常好的方法.

（3）用表演体会情境.

这种情境创设法是教师常用且学生非常喜欢的，即由学生扮演角色，创设情景剧，体会生活实际问题中的不同人物. 这样，学生会对课堂中的角色产生亲切感，很自然地就加深了内心体验.

（4）用视频影像烘托情境.

数学于大多数学生来说是枯燥乏味的，在课堂上播放影像资料，创设情境导入新课可以迅速地营造良好的课堂氛围，不仅能唤起学生的求知欲和探究欲，还能使学生对真实事件反映出的问题进行积极的思考，尝试主动探索，激发了学生的学习兴趣，提高了学生的学习积极性. 影像资料的恰当运用可以成为一堂课良好的开端，也为后续教学的开展提供了保障.

（五）情境教学法在运用过程中应注意的问题

1. 在教学中要妥善处理学生共性和个性的关系

在情境的创设过程中，教师容易只注重共性，而忽略学生的个性，这是教学过程中要特别注意的，教师要及时捕捉学生的闪光点，张扬学生的个性，实现"差异性"学习，让学生朝着个性发展的正确方向不断提高.

2. 教师应加强对情境的控制

在创设"问题式"或"材料式"的情境中，学生容易沉浸其中，学习效果并不好，往往造成某些知识点无法落实，难以达到教学目标，这就要求教师加强对情境的控制，能够让学生在教师设置的情境中自由而快乐地翱翔.

3. 教学过程中的情境设置不宜过多

如果在一堂课中创设的情境过多，学生忙了这个忙那个，反而对基本知识的学习不利，因此，教师要注重在优化的情境中促使学生主动参与、主动发展.

总之，情境教学以思维为核心，以情感为纽带，通过各种符合学生学习心理特点和接近生活实际的情境的创设，把学生的认知活动和情感活动结合起来，提高学生的思维品质.

三、基于深度教学的情境探究法中的课堂引入案例分析

（一）利用生活常识，紧抓概念，创设情境

数学的板块起始概念，通常来源于感性认识，即学生所能观察到的或者自己所熟悉的日常生活与生产实际中的现实模型及其抽象.《课标》更是强调数学与现实生活的联系，故教材编写也是基本以"实际情境—建立数学模型—检验与应用"为主线展开. 因此，数学概念课的教学要基于大量的生活实例进行概念的探究和生成，回归生活原型，提炼数学概念是最基本的数学抽象形式.

例 1　导数概念课的引入

（环节 1）结合章引言和牛顿、莱布尼兹照片，介绍微积分的创立背景和作用. 播放里约奥运会我国跳水运动员秦凯的跳水场景视频，引入教材引例：

人们发现，在高台跳水运动中，运动员相对于水面的高度 h（单位：m）与起跳后的时间 t（单位：s）存在函数关系 $h(t) = -4.9t^2 + 6.5t + 10$.

例 2　等比数列求和的新课情境探究设计：

《塔木德经》：任何一个看望病人的人能消除其疾病的 $\frac{1}{60}$. 问题：第 60 个人看望该病人之后，病情如何？

第 $1,2,\cdots,n$ 个人看望病人之后，病情构成等比数列：

$$\frac{59}{60},\left(\frac{59}{60}\right)^{2},\left(\frac{59}{60}\right)^{3},\cdots,\left(\frac{59}{60}\right)^{n}$$

例3 关于二项式定理的情境设计

甲、乙二人进行一场比赛，约定先赢五局者获胜．现在，甲已赢了 3 局，乙只赢了 1 局，但比赛因故半途而废，未能最终决出胜负．试问：甲、乙如何分配奖金？

最终结果	甲胜局数	具体情况	组合数
甲赢	5	aaaaa	C_5^5
	4	aaaab, aaaba, aabaa, abaaa, baaaa	C_5^4
	3	aaabb, aabba, abbaa, bbaaa, aabab, abaab, baaab, ababa, baaba, babaa	C_5^3
	2	aabbb, abbba, bbbaa, ababb, baabb, babba, abbab, bbaab, bbaba, babab	C_5^2
乙赢	1	abbbb, bbbba, bbbab, babbb, bbabb	C_5^1
	0	bbbbb	C_5^0

例 1 中结合章引言，"微积分"高调入场，激发学生求知欲；奥运会我国跳水运动员视频，激发学生的爱国主义情怀．例 2、例 3 结合常见的生活问题作为切入点，引发学生思考，体现情境探究的趣味性；用学生熟悉的场景引入，学生无意中进入研究状态；引用生活中的实例，让学生体会数学源于生活的本质属性．

【设计意图】以上 3 个例子体现数学抽象要以基于感知和操作的生活经验为基础，通过典型的实例引导学生对概念的属性进行分析、比较、讨论、理解后归纳出共同属性．归纳类比、归纳概括是生成概念的重要方式，让学生以"发现者"角色经历概念的发现过程，深度参与数学抽象过程，才能积极有效地让学生经历知识的发生过程，促进学生认知水平的发展，提升学生的数学素养．

（二）利用历史、故事背景创设情境

教材中，很多材料需要先课前阅读，了解历史、故事情境等，然后教师进行话题设计或者情境导入．例如必修 5 等差数列教学中，考虑到等差数列的复杂性和枯燥性，教师可以适时引入故事情境，激发学生的学习兴趣和学习动机，还可以为学生讲述数学家高斯发现等差数列的故事，有意识地引导学生探究高斯发现等差数列的过程，让他们对等差数列有一个初步的了解. 而在等比数列教学中，可以为学生引入国王、宰相和等比数列的故事，让学生在故事中发现等比数列的规律，通过营造故事情境，吸引学生的兴趣，让学生主动探究数学知识.

例1　勾股定理的情境探究设计

课前翻转（课前阅读，了解历史——赵爽与勾股定理）.

赵爽，字君卿，又名婴，东汉末至三国时代吴国人. 生平不详，大约生活于 3 世纪初. 赵爽在数学上最主要的贡献是在公元 222 年，他深入研究了《周髀算经》，不仅为该书写了序言，还作了非常详细的注释. 他的工作有图为证，永载史册. 赵爽在《周髀算经注》中，逐段解释《周髀算经》的内容，而最为精彩的是附录于首章的"勾股圆方图"，短短 500 余字，附图 6 张，概括了《周髀算经》《九章算术》以来中国人关于勾股算术的成就，其中包含了勾股定理. 赵爽的《周髀算经注》是数学史上极有价值的文献，记述了勾股定理的理论证明. 书中将勾股定理表述为："勾股各自乘，并之，为弦实. 开方除之，即弦." 其证明方法表述为："按弦图，又可以勾股相乘为朱实二，倍之为朱实四，以勾股之差自相乘为中黄实，加差实，亦成弦实.

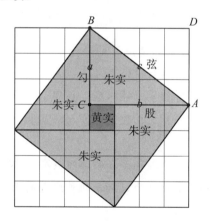

如图，$ab = 2S_{朱实}$，$2ab = 4S_{朱实}$，$(a-b)^2 = S_{黄实}$，

$4S_{朱实} + S_{黄实} = S_{弦实}$，即 $2ab + (a-b)^2 = c^2$，

故：$a^2 + b^2 = c^2$.

学生在阅读历史文献时，体会赵爽证明的别具匠心，极富创新意识. 他用几何图形的截、割、拼、补来证明代数式之间的恒等关系，既具严密性，又具直观性，为中国古代以形证数、形数统一、代数和几何紧密结合、互不可分的独特风格树立了一个典范. 通过创设历史背景, 让学生深切感受到我国数学科学的悠久历史和深厚的文化底蕴, 增强学生的民族自豪感, 激发学生学好数学的热情.

下图是 2002 年在北京召开的第 24 届国际数学家大会的会标. 这个会标的设计来源于古代数学家赵爽设计的"弦图", 颜色的明暗使它像一个风车, 代表中国人民热情好客, 同时也展现了中国古代数学对世界所做出的重大贡献. 课前的衔接使得这个会标的出现不会太突兀, 让学生感受我国的数学成就对世界数学文明的影响和发展做出的卓越贡献, 从而激发学生的民族自豪感, 提高学生的学习兴趣.

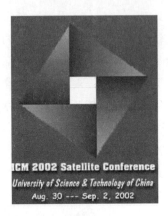

例 2　基本不等式的情境探究设计

历史上关于周长与面积的思考:

公元 1 世纪, 博物学家普林尼根据周长来估算不同地区的面积.

公元 5 世纪的公有制社会里, 有人将周长大的土地分给他人, 被视为大公无私.

提问: 这种分配方式是否真的体现大公无私?

事实上, 长和宽分别为 a 和 b 的长方形的面积不超过等周正方形的面积:

$$ab \leqslant \left(\frac{a+b}{2}\right)^2 \Leftrightarrow \sqrt{ab} \leqslant \frac{a+b}{2}$$

(三) 利用生活经验、大数据分析创设情境

数学是抽象的, 如果数学课堂进一步抽象, 那么学生就很难进入思维状态, 无法将抽象的数学内容转化为具体的数学语言. 美国数学家杜威指出, 为

了激发学生的思维,必须要有一个实际的经验情境."独立性检验第一课时"的教学目标是让学生去探究并领会独立性检验的基本思想及其原理,进而掌握对相关变量关系强弱判断的方法.

　　片段一:"独立性检验第一课时"课堂的引入首先在幻灯片中呈现 6 张不同人抽烟的图片.接下来结合教材展示给出的情境:有关医学研究表明,许多疾病,如心脏病、癌症、脑血管病、慢性阻塞性肺病等都与吸烟有关,吸烟已成为继高血压之后的第二号全球杀手.这些疾病与吸烟有关的结论是怎样得出的呢?

　　我们看一下问题:某医疗机构为了了解肺癌与吸烟是否有关,进行了一次抽样调查,共调查了 9965 个人,其中吸烟者 2148 人,不吸烟者 7817 人.调查结果是:吸烟的 2148 人中有 49 人患肺癌,2099 人未患肺癌;不吸烟的 7817 人中有 42 人患肺癌,7775 人未患肺癌.

　　教师设问:根据以上调查的这些数据能否断定"患肺癌与吸烟有关"?如何用所学的统计学知识来处理这些数据?

【设计意图】通过情境与问题设置,促进学生深度思考,用问题主线贯穿学习过程.结合生活,抓住学生的注意力,促使学生的学习情绪高涨,调动学生跟随教师的思路开展思维活动.这样的引入有效果、有效率、有效益,同时也能引发学生更深度的思考,培养思维的严谨性和广阔性.

　　片段二:(探究一)根据以上调查的这些数据能否断定"患肺癌与吸烟有关"?

　　(1)将上述数据用下表来表示:

	不患肺癌	患肺癌	总计
不吸烟			
吸烟			
总计			

　　(2)估计吸烟者与不吸烟者患肺癌的可能性差异:

　　在不吸烟的人中,患肺癌的人约占多大比例?

　　在吸烟的人中,患肺癌的人约占多大比例?

　　问题:由上述结论能否得出患肺癌与吸烟有关?把握有多大?

【设计意图】教师引导学生回顾所学相关知识,并试图用学生已掌握的相关方法来判断抽烟是否与患肺癌有关,但用所学的数学知识已无法解决这一问题,进而无法达成目标. 这时教师可引导学生做列联表,通过列联表的数据来判断;教师还可用 Excel 现场绘制等高条形图,直观形象地说明抽烟是否与患肺癌有关. 通过工具的合理运用,变抽象为具体,激发深度思维碰撞. 这也是对深度学习要求重视知识的生成与整合、发展高阶思维能力的非常具体的体现.

(四)利用学生活动或者情境微剧创设情境

例1 在数学七年级上册"应用一元一次方程——打折销售"一课中,教师作为导演,由两名学生分别扮演顾客和商家的角色,演绎一段周末逛街,购买打折衣服的情景剧,作为本节课的导入. 情景剧中穿插了各种打折销售的专业名词.

学生甲:老板,周末愉快,生意好哦!

学生乙:多亏你们的支持,您需要点什么呢?

学生甲:这件衣服多少钱?

学手乙:您看这里,标签上有价格,200 元!(引出标价的概念)

学生甲:哦,太贵了,我是老顾客了,打点折呗!(引出打折的概念)

学生乙:行吧,给您打个 9 折,180 元卖给您!(引出售价的概念)

学生甲:好吧!

学生乙待客人走后自言自语:180 元,进价 100 元,赚了 80 元,利润率达到了 80%.(引出进价、利润、利润率等概念)

【设计意图】通过情景剧作为本节课的导入,将数学与生活密切联系,有效地激发了学生的学习兴趣,在销售过程中出现的各种专业名词,无形中引发了学生思考、讨论和探究.

例2 北师大版七年级数学"字母表示数"情境创设

教师活动:请全班同学推荐两名朗诵水平高的同学进行配乐朗诵"数字 1 与字母 X 的对话",听完后回答对字母表示数的意义的理解.

1:"我是数,数与形才是数学王国真正的主人."

X:"我是字母,我虽不是具体的数,但可以表示各种各样的数,我可以代表你 1,也可以代表其他的数."

1:"由我们数组成的式子有确切的大小,例如,人们一见到 1+2 就知道是 1 与 2 的和,你们字母能做到吗?"

X："由我们字母组成的式子具有更深层次的含义，例如，$x+y$ 能表示任何两个数的和，包括 $1+2$；$x+y=y+x$ 能表示两个数相加时，可以交换顺序，即加法交换律."

1："人们解决实际问题时，必须根据已知的具体数进行计算，而字母有什么用呢?"

X："用字母表示数，将字母引进算式，能更方便地表示数量关系，更具有普遍的意义."

学生活动：全班同学推荐两名学生朗诵，完毕后，学生对字母表示数的意义都积极踊跃地发言，并呈现出强烈的表现欲望，课堂气氛异常活跃.

【设计意图】本部分设置了文字情境和微剧情境，通过两位学生富有表情地朗读拟人的对话，首先，使学生对字母表示数的意义的理解进一步升华，使本来抽象的意义更加直观、具体；其次，通过轻音乐的伴奏，有效地减轻了学生学习的疲劳，增强了课堂教学的效率；再次，拟人的对话符合七年级学生的年龄特征，学生的注意力被充分地调动；最后，新课程理念强调新课堂不再是一门课程的"独木"，而是学科知识之林，这也算是一种有效的尝试吧.

（五）利用多媒体技术引入诗歌、音乐等艺术资源创设情境

近年来，随着多媒体技术在教育领域的广泛使用，大量的多媒体内容进入了课堂，成为新的教学资源. 由于多媒体课件具有文本、图形、动画、视频图像、声音等多种媒体集成的优势，信息容量大，表现形式灵活，又有非线性和交互性的特点，给学生带来了一种全新的环境和认知方式，也产生了一种新的以学为中心的教学设计. 这种教学设计的目的在于促使学生对知识意义的主动建构，成为信息加工的主体.

对真实情境的创设，计算机技术具有其他媒体不可比拟的优势，每种媒体的作用和媒体之间的结合都有着巨大的表现的潜力，在进行多媒体课件设计时要善于发挥各种媒体的长处，譬如对声音的运用，再巧妙的人工模拟也不能代替真实声音的效果，而视频图像所传达的那种真切、完整、丰富的信息，也不是一种动画效果所能实现的.

例 1　新课"平面向量的实际背景及基本概念"情境设置：

（1）播放《战狼 2》导弹发射的视频.

（2）学生注意思考导弹能击中目标需要哪些关键因素?

（3）应用几何画板动画演示向量的模从非零到零的过程.

【设计意图】通过近期高热度电影视频激发学生兴趣，同时引导学生把生活实际问题抽象到数学概念，激发学生愿意继续究其根本的欲望，通过动画演示模长的变化，加深学生的认识，让学生深刻体会零向量模长为 0 的实际意义.

例 2　七年级北师大版数学第一章第三节"截一个几何体"的情境创设：

老师以爱国诗人文天祥的诗歌《西瓜诗》引入：拔出金佩刀，斫破苍玉瓶. 可点红樱桃，一团黄水晶.

提问 1：爱国诗人文天祥吃西瓜都充满豪情，大家爱吃西瓜吗？知道怎么吃西瓜吗？

提问 2：数学中有西瓜吗？数学中有刀吗？数学中能切吗？

西瓜→球体，刀→平面，切→截

生活→数学，具体→抽象，引出本节课的主题：截一个几何体.

本节课例设计的另一个亮点在于最后以诗歌结束，形成首位呼应的效果.

"阳光的截面有七彩的光点，

水的截面以抽象而萌动，

树的截面是年轮，

岁月的截面是时光的轮回！

我不知道云朵的截面还是不是云朵，

而炊烟的截面全部都是父母的沧桑和泪水，

就像犁翻耕的泥土，每个截面都是不变的乡愁……"

在整堂课中，老师除了把生活中的萝卜等可切几何体带入课堂，让学生现场体会截一个几何体的过程，同时还使用了 3D 动画技术，模拟截一个几何体的过程，非常生动、清晰地展示了截一个几何体的过程.

【设计意图】诗歌开始及诗歌结束，形成首尾呼应，设计非常别致. 让学生在美妙的诗歌中领略数学之美、课堂之美，极大地激发了学生的学习兴趣，提高了学习效率. 同时体现了学科融合，并涉及爱国主义教育，真可谓别具匠心. 在课堂中，把生活中的几何体带入，利用 3D 技术模拟等环节，都大量使用了情境探究的教学模式，极大地加深了学生的印象，体现深度教学的内涵.

四、基于深度教学的教学建议

通过上述情境分析，基于深度教学，特提出以下几点教学建议.

（一）重视对知识本质属性的教学，培养学生逻辑推理素养

首先一线教师需从教材出发，对数学概念有深刻的理解，这样才能够清楚所考查知识点的难点设置在什么地方，也就能够弄清楚知识点从哪些方面进行创新，从而在教学中可以对与知识点相关的试题进行不断延伸、拓展和创新，促进学生对数学本质的理解，最后引导学生的思维路线，发展学生的逻辑思维能力.

（二）重视对陌生情境试题的探究，教学过程中渗透其他学科情境

数学作为一门工具性学科，在各个领域得到广泛的应用. 因此，教师应多思考数学与其他学科之间的联系，从其他情境中引导学生把相关问题抽象成数学问题，然后利用数学模型解决该问题，使学生经历观察、比较、抽象概括等过程，培养学生抽象素养和建模素养. 教材中的开放性试题能够有效培养学生的创造性思维和逻辑推理能力，但必须建立在学生理解并掌握知识的基础上进行练习，否则学生思维发展就是无源之水、无本之木. 在进行开放型试题探究时，不仅能够激发学生的学习兴趣，最重要的是能够帮助他们厘清知识之间的联系，建立知识之间的整体结构，促进他们理解知识本质，发展他们的思维能力.

（三）重视知识之间的迁移，培养学生逻辑迁移能力

由于知识之间具有一定的相似性，教师可促进学生对经典题的强化练习，通过分析创新性试题与学生原有知识的定义、原理、法则等之间的相互联系，实现学生对知识的迁移，比如联想迁移、转化迁移、类比迁移等，引导学生养成举一反三的学习习惯. 同时，在学生进行知识迁移时，教导学生进行分析归纳、类比推理的习惯，重视学生独立思考、自主推理的能力，从而提高学生逻辑推理素养. 这样学生在面临陌生情境的创新试题时，不会因为无法套用现成题型而出现解题困难.

（四）重视发展学生自主学习能力，提高学生的数学应用意识

建构主义理论提出知识不是由教师机械传授过来的，而是学生在教师指导下进行有意义的知识建构，建立知识之间的联系，而不是机械操作和简单的模仿．因此，教师在教学过程中要善于引导学生自主、独立的思考，让学生通过不断的思考过程去尝试和经历知识的形成过程，体会数学知识的来源，理解知识的原有模型，这样学生才能够将知识内化为数学知识的整体结构，从而发展学生的数学抽象素养，培养学生模型意识．

（五）在教学过程中教师应善于打破常规、举一反三

教师要启迪学生创造性地"学"，标新立异，打破常规，克服思维定势的干扰，激发学生大脑探讨问题，激发思维的灵活性、开阔性、创造性，因此要鼓励学生对常规问题新解、速解，充分利用过去比较优质的创新题型．鼓励教师在教学过程中适当采用一题多变、一题多问的教学方式，不但可以沟通新旧知识的联系，还可以培养学生思维的灵活性、变通性、创造性、应用性，做到举一反三，融会贯通．同时在解题的过程中，不要刻板追求学生解题的一致性，而是点拨鼓励学生，让学生开拓创新、另辟蹊径、打开思路．

第二节　问题导向法

结合实践，我们认为数学深度学习是指在理解学习的基础上，在教师的引领下，学生带着自己的想法，围绕具有挑战性的学习任务，积极主动参与，并将它们融入原有认知结构，进而将已有的知识迁移到新的情境中，做出决策和解决问题的学习．它是触及数学知识本质，探究数学知识间相互关联，在理解的基础上更多关注分析、评价与创造层面的高阶思维的学习．"教"与"学"是教学中两个具有相融性的一体化的关系，离开了"教"无所谓"学"，离开了"学"也无所谓"教"，要想培养学生的高阶思维，教师就要提供与之匹配的"深度教学"．由此可见，发展学生的关键能力离不开深度教学．

深度学习源于学习者自身的内部动机，在真实复杂的情境中，将所学知识和技能用于解决实际问题，借以提升核心素养．教学要走向深入，问题是课堂教学的抓手，近代教育家陶行知先生说"疑问是创造的起点，创造始于问题．"问题是数学教学的"心脏"，是贯穿教学过程的主线，是联系教师、学生和教

材的最佳纽带. 以问题为导向构建数学课堂, 让学生成为学习的主动者, 以问题来搭建学习情境, 打破传统的教师灌输式讲解模式, 激发学生的学习动力, 突显数学知识与生活实践的关联, 最终促进学生自主学习、独立学习.

在课堂中设置问题的目的是激发学生的学习动机, 设置学生解决不了的问题, 使其处于"愤""悱"状态, "心求通而不能通, 口欲言而不能言". 此时, 学生的求知欲最为强烈. 一个好的问题对学生学习能力、思维能力的培养都极其重要. 教师在进行问题导向时把握好尺度, 控制好问题的难度, 才能起到良好的效果.

一、问题导向要讲究：适度

适度就是在遵循学生学习的发展规律、认知规律、已有知识经验和高中生思维特点等多方面因素的基础上, 设计的问题能够与学生实际情况相匹配, 让学生跳一跳, 摘到桃.

案例 1 "基本不等式"

问题 1：(1) 如图所示的会标中有哪些几何图形?

(2) 它们的面积之间存在着怎样的大小关系? 如何用 a, b 表示?

(3) 中间的正方形是怎样产生的? 能消失吗? (几何画板展示)

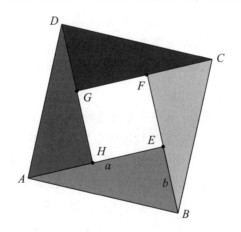

问题 2：我们将上式中的 a, b 换成 $\sqrt{a}$, $\sqrt{b}$, 你又会得出什么结论?

问题 3：还有没有其他证明基本不等式的方法?

问题 4：如图, AB 是圆的直径, 点 C 是 AB 上的一点, 过点 C 作垂直于 AB 的弦 DE, 连接 AD, BD. 你能利用这个图形, 得出 $\sqrt{ab} \leqslant$

$\dfrac{a+b}{2}(a>0,b>0)$ 的几何意义吗？

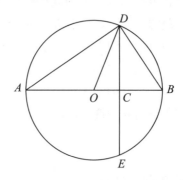

基本不等式本身是一个很简单的式子，但若直接给出，学生对这个不等式的理解并不会很深刻．问题 1 以三个小问串接，让学生在会标中找到关系，从熟悉的三角形、正方形关系出发找到 a,b 的关系，再由问题 2 形成基本不等式，经历不等式的生成过程，再到问题 3 的论证，最后通过问题 4 得出几何意义．整个过程符合学生的认知发展规律．

案例 2 "变化率与导数"

问题 1：在 $0\leqslant t\leqslant 0.5$ 这段时间里，运动员的平均速度是多少？这个平均速度的物理意义是什么？

问题 2：将 $0\leqslant t\leqslant 0.5$ 改为 $1\leqslant t\leqslant 2$ 呢？

问题 3：在 $t_1\leqslant t\leqslant t_2$ 这段时间里，$\overline{v}$ 又怎么写？

问题 4：你能再举一个例子，类比设计"求平均"的问题吗？

问题 5：如果函数关系用 $y=f(x)$ 表示，那么当 $x_1\leqslant x\leqslant x_2$ 时，$\overline{x}$ 又怎么写？

通过问题 1 和问题 2，从该实际问题的物理意义入手，让学生直观感知运动变化过程是有快有慢的，而平均速度正是描述了位移在时间段内变化的快慢程度，为归纳函数平均变化率的概念提供了"认知基础"；问题 4，让学生自主举例，在丰富事例中感知"求平均"的方法和结构，为抽象活动奠定基础；问题 3 和问题 5，引导学生分别将时间和函数关系式一般化，拾级而上地得到平均变化率的式子，"平均变化率"的概念就只差一个认定，即说法的明确，此时教师直接给出概念，让学生充分体会从具体到抽象、从特殊到一般的数学思想．

课堂问题对深度教学有驱动和引领意义，深度教学的实现在很大程度上取决于课堂问题的提出和解决．问题导向法的基本原则就是为学生创设有效合适的问题情境，让学生带着问题进行自主探索，在发现问题、解决问题的过程中吸收知识，以此提高综合素养．因此，在教学中既要避免问题过多导致学生对知识的接受理解出现消化困难的现象，也要避免问题太少降低学生的参与度．

二、问题导向要讲究：深度

深度教学的过程是教师和学生深度对话的过程，是双方思维碰撞和共振的过程．在这个过程中，学生会因为自身独特的思维发现各种问题，和教师的思维碰撞越激烈，就越能形成更多的疑问和困惑，因为其在对话中所提出的问题表现了对问题的独立思考和推理，高质量问题的提出意味着学生形成了复杂的思维活动，并形成了一定的思维成果．以培养学生的创造性思维为目的，设计有深度的问题能够激发学生的潜能．

案例"复合函数的零点"

例 1　已知函数 $f(x)=\left|x^2-2x\right|$，关于 x 的方程 $f^2(x)-3f(x)+2=0$ 有多少个不同的实根？

例 2　已知函数 $f(x)=\left|x^2-2x\right|$，关于 x 的方程 $f^2(x)-af(x)+2=0$ 有 6 个不同的实根，求这些实根的和．该方程的实根个数还有其他情况吗？

进阶 1　已知函数 $f(x)=x+\dfrac{1}{x}$，$g(x)=f^2(x)-af(x)+2a$，有 4 个不同的零点 x_1，x_2，x_3，x_4，则 $\left[2-f(x_1)\right]\cdot\left[2-f(x_2)\right]\cdot\left[2-f(x_3)\right]\cdot\left[2-f(x_4)\right]$ 的值为 _____．

进阶 2　已知关于 x 的方程 $\dfrac{x}{\mathrm{e}^x}+\dfrac{\mathrm{e}^x}{x-\mathrm{e}^x}+m=0$ 有 3 个不同的根 x_1，x_2，x_3 满足 $x_1<0<x_2<x_3$，其中 $m\in\mathbf{R}$，$\mathrm{e}=2.71828\cdots\cdots$ 为自然对数的底数，则 $\left(\dfrac{x_1}{\mathrm{e}^{x_1}}-1\right)^2\cdot\left(\dfrac{x_2}{\mathrm{e}^{x_2}}-1\right)\cdot\left(\dfrac{x_3}{\mathrm{e}^{x_3}}-1\right)=0$ 的值为（　　　）

A. e　　　　　　　B. 1　　　　　　　C. $1+m$　　　　　　　D. $1-m$

通过例 1、例 2、进阶 1 和进阶 2 把知识问题化、问题层次化，设置有探索性、层次性的问题，由简单记忆性、理解性的问题过渡到简单应用问题，最后达到综合提升类、高认知水平的数学问题，让学生一步一步探究，在问题的导向下使得学生的学习过程变得更加清晰，引导学生的思维从低级到高级逐渐发展，用问题的深度实现教学的深度．

三、问题导向要讲究：广度

深度教学的目的是培养学生的核心素养. 学生分析和解决问题能力的培养需要通过具体的教学实践来促成，让学生在教学中分析和解决具体问题是相应能力培养的关键. 因此，深度教学的实践实质上也应该是学生探究问题、解决问题的具体过程. 教育的作用是让学生进行知识建构，是让之前获得的知识与经验二者有效结合的纽带.

审例"赋值法处理抽象函数问题"

题型一：赋值法处理抽象函数的函数值

抽象函数求值问题是要解决具体函数值问题，因此抽象函数问题求值的关键在于赋值，即赋要求解的自变量，代入求出相应函数值即可.

例 1　已知 $f(x)$ 的定义域为 $\mathbf{R}$，对任意的 $x,y \in \mathbf{R}$，有 $f(x+y) = f(x) + f(y)$，则 $f(0) = $ _____ .

例 2　定义在 $\mathbf{R}$ 上的函数 $f(x)$ 满足 $f(x+y) = f(x) + f(y) + 2xy(x,y \in \mathbf{R})$，$f(1) = 2$，则 $f(3) = $ _____ ，$f(-3) = $ _____ .

题型二：赋值法处理抽象函数解析式

抽象函数求解析式是要求出 $f(x)$，因此我们要采用赋值法得到 $f(x)$，并利用赋值法将法则 f 作用的其余形式消去即可.

例 3　已知 $f(x) - 2f\left(\dfrac{1}{x}\right) = 3x + 2$，求 $f(x)$.

例 4　已知 $f(x) + 2f(2-x) = 3x^2 - 8x + 8$，求 $f(x)$.

题型三：赋值法处理抽象函数奇偶性

奇偶性是考查 $f(x)$ 和 $f(-x)$ 之间的关系，所以抽象函数奇偶性问题的关键在于采用赋值法让题目出现 $f(x)$ 和 $f(-x)$，并根据表达式探究 $f(x)$ 和 $f(-x)$ 两者关系.

例 5　设函数 $f(x)$ 的定义域为 $\mathbf{R}$，对任意 $x_1, x_2 \in \mathbf{R}$，恒有 $f(x_1 + x_2) = f(x_1) + f(x_2)$ 成立，则 $f(x)$ 是 _____ （指明函数的奇偶性）.

例 6　设函数 $y = f(x)(x \in \mathbf{R}$ 且 $x \neq 0)$ 对任意非零实数 x_1, x_2 满足 $f(x_1 \cdot x_2) = f(x_1) + f(x_2)$，则函数 $y = f(x)$ 是 _____ （指明函数的奇偶性）.

题型四：赋值法处理抽象函数单调性

函数单调性通过研究自变量大小与相应函数值大小的关系，即在一个

单调区间内通过 $x_1 < x_2$，去推导 $f(x_1) < f(x_2)$ 或 $f(x_1) > f(x_2)$，所以解决抽象函数单调性的关键在于通过赋值找出相应的不等关系.

例 7 已知 $f(x)$ 的定义域为 **R**，对任意的 $x, y \in \mathbf{R}$，有 $f(x+y) = f(x) + f(y)$，且当 $x > 0$ 时，$f(x) < 0$，求证 $f(x)$ 为 $(-\infty, +\infty)$ 上的减函数.

例 8 已知函数 $f(x)$ 在 $(-1,1)$ 上有定义，当且仅当 $0 < x < 1$ 时，$f(x) < 0$，且对任意 $x, y \in (-1,1)$ 都有 $f(x) + f(y) = f\left(\dfrac{x+y}{1+xy}\right)$，判断 $f(x)$ 在 $(-1,1)$ 上的增减性，并证明你的结论.

题型五：赋值法处理抽象函数最值

抽象函数求最值问题可类比求值问题，但经常会综合考查抽象函数的单调性、奇偶性等问题，以及化归与转化、类比等数学思想方法.

例 9 已知 $f(x)$ 的定义域为 **R**，对任意的 $x, y \in \mathbf{R}$，有 $f(x+y) = f(x) + f(y)$，且当 $x > 0$ 时，$f(x) < 0$，若 $f(1) = -2$，求 $f(x)$ 在 $[-2, 4]$ 上的最大值和最小值.

题型六：赋值法处理抽象函数不等式

抽象函数不等式问题有解答需借助抽象函数的单调性、奇偶性、定义域等来综合求解，利用赋值法将看似无关联的不等式转化为常规不等式问题求解.

例 10 已知函数 $f(x)$ 在 $(-1,1)$ 上有定义，当且仅当 $0 < x < 1$ 时，$f(x) < 0$，且对任意 $x, y \in (-1,1)$，都有 $f(x) + f(y) = f\left(\dfrac{x+y}{1+xy}\right)$，解不等式 $f(5x-4) > f(x^2)$.

深度教学不是指无限增加知识难度和知识量，而是克服对知识的表层学习、表面学习和表演学习，以及对知识的简单占有和机械训练的局限性. 本案例用 6 个题型、10 个例题将赋值法处理抽象问题全面细致地呈现给学生，学生在解决问题的过程中充分体会抽象问题的赋值法解决方式，用问题导向的广度把学生的思维"发散"，引导学生多角度、多层次地分析问题，培养学生发散性、创造性解决问题的能力.

四、问题导向要讲究：兴趣度

托尔斯泰说："成功的教学所需要的不是强制而是激发学生的兴趣."兴趣

是最好的老师，教师设计的问题应该是学生感兴趣的话题. 创设适当的问题情境，激发学生的学习兴趣，使学生在自主探索与合作交流中成为数学的主人.

案例1"走进'分形'世界"

问题1：存在面积有限而周长无限的图形吗？这样的图形是"人造"的，还是在自然界大量存在的？引起学生极大的兴趣，老师抓住兴趣点，引入科特雪花和谢尔宾斯基三角形，通过迭代和极限的数学思考方式，引出这样一种模型："无限的周长包裹着有限的面积"，从而认识分形图形.

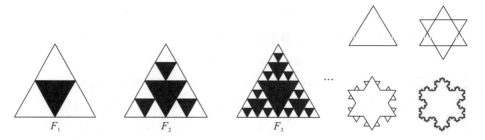

F_1 F_2 F_3

问题2：我们身边的分形几何，能找到吗？通过视频，深入体会"分形"无处不在. 简要介绍分数维的定义、分形的其他应用，体会数学的实用价值.

本节课教师充分利用了教学资源，用教材编写者的智慧和自身对知识的理解进行选材，凸显了教育教学数据分析价值，这样的教学素材是学生熟悉又感兴趣的，容易激发学生的求知欲望，让学生快速进入探求状态. 从解决问题的机会来说，学生需要参与到问题解决的实践中，才能通过实践来锻炼培养相应的能力，设计让学生感兴趣的问题，让学生参与问题探究和解决，才能提升其解决问题的能力.

案例2"球的体积公式"

祖暅是我国古代南北朝时期的数学家，受父亲祖冲之的影响，他从小就热爱科学，对数学具有浓厚的兴趣. "祖暅原理"是祖暅一生最具代表性的发现.

"幂势既同，则积不容异"："幂"是面积，"势"即是高，意思是，夹在两个平行平面间的两个几何体，被平行于这两个平面的任意平面所截，如果截得的两个截面的面积总相等，那么这两个几何体的体积相等.

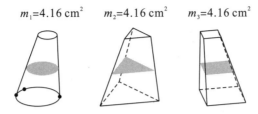

$m_1=4.16\,\mathrm{cm}^2$　　$m_2=4.16\,\mathrm{cm}^2$　　$m_3=4.16\,\mathrm{cm}^2$

　　根据祖暅原理，要求半球的体积，只需找到一个能求出体积的几何体，它和半球能夹在两个平行平面内，并且用任何一个水平面去截它们的时候，得到的截面面积都相等，那么这个几何体的体积就等于半球的体积了．

　　问题1：怎么保证几何体和半球能夹在两个平行平面内？

　　答：它们的高一样．

　　问题2：怎么保证用任何一个水平面截得的截面面积都相等呢？

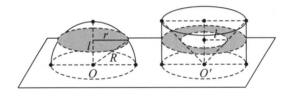

　　设平行于大圆且与大圆的距离为l的平面截半球所得圆面的半径为r，$r=\sqrt{R^2-l^2}$，于是截面面积$S_1=\pi r^2=\pi(R^2-l^2)=\pi R^2-\pi l^2$，则$S_1$可以看成在半径为$R$的圆面上挖去一个半径为$l$的同心圆后所得到的圆环的面积．

　　可以取一个底面半径和高均为R的圆柱，从圆柱中挖去一个以圆柱的上底面为底面、下底面圆心为顶点的圆锥，这个几何体被水平面截得的截面面积为$S_2=\pi R^2-\pi l^2=S_1$，由祖暅原理知二者的体积相等，即有

$$\frac{1}{2}V_{球}=\pi R^2\cdot R-\frac{1}{3}\pi R^2\cdot R=\frac{2}{3}\pi R^3$$

　　所以球的体积为

$$V_{球}=\frac{4}{3}\pi R^3$$

　　用数学文化作问题导向不仅能激发学生学习的兴趣和求知欲，还能渗透数学文化，培养学生爱国意识．

　　教学过程是一种持续提出问题→解决问题的过程．新课改实施以来，虽然教师的问题意识明显增强，但是有时提出的问题质量不高，缺乏主问题、高阶

思维问题. 深度教学要求我们的问题从单一走向综合、从封闭走向开放、从表层走向"底部"，使其成为培养学生的理性精神、开放意识、批判思维和创新能力的催化剂. 课堂问题反映了学生的思维状态，也是主动性发挥的重要支撑点. 因此，在一定意义上，课堂问题是深度教学的内在引擎，相应的教学实现需要通过课堂问题来驱动和引领. 布鲁纳说："教学过程是一种提出问题、解决问题的持续不断的过程."在教师提供的高质量问题教学中，学生能够获得高投入的沉浸式学习，从而走向学科素养和个人能力的培养与发展.

第三节　过程体验法

1984 年，库伯曾在他的著作《体验学习：让体验成为学习和发展的源泉》一书中提出了颇具影响的体验学习概念. 他把体验学习阐释为一个体验循环过程：具体的体验—对体验的反思—形成抽象的概念—行动实验—具体的体验，如此循环，形成一个贯穿的学习经历，学习者自动地完成反馈与调整，在体验中认知. 他研究发现，人类理解事物是一个在概念与体验互动的基础上的连续不断的建构过程.

　　结合库伯提出的体验循环过程，我们把过程体验式教学法定义为：通过实践和体验来认知知识或事物，使学习者完完全全地参与学习过程，使学习者真正成为课堂的主角. 成功的体验课程是：真正让学生经历研究、实验、观察、考察等真实的实践体验学习，真正把方法教给学生、把时间有效地还给学生.

　　人为什么对体验过的东西记忆特别深刻？在心理学和生理学的解释中，记忆与刺激有关. 有一项研究结果显示，不同的学习方式和接触世界的手段，其学习收获和结果大相径庭：在听觉刺激下，一个人能够记住信息的三成左右；在视觉刺激下，他就可能记住五成左右；而对于亲身参与的事情，记忆往往能到七成左右；如果是合作完成的事情，就可以记住九成左右. 因为在合作过程中，同时就有听、看、说等多种方式在协同发挥作用. 体验式教学的价值和意义不仅提出了一种学习态度，还提供了一种有助于学生主体开展思考的教学理念. 体验式学习的特征与数学学科课程的特质，如主体性、实际性、共同性等又十分契合.

　　传统的教学对学生来说都是外在的，而体验式教学却像生活中其他任何一种体验一样，是内在的，是个人在身体、情绪、知识上参与的所得. 因为全身心地参与，使得学习效率、知识理解、知识记忆持久度都大幅度提升，所以在深度教学的策略方法中，我们认为过程体验教学法具有非常重要的地位. 我们从教学的过程上将体验分成自主探索中体验、互动中体验、实践中体验、体验中反思四个方面，这分别对应的是课前的自主探索、课中与教师和同伴间的互动和实践的体验、课下的反思和体验. 因此，体验式教学的核心就是要创设各种体验，使学生完成学习对象和自我的双向构建，最终完成学习目标，达到学习的主动性.

一、自主探索中体验

本节主要阐述课前的自主探索体验方法，这是教师合理创设的体验引导，提供贴近生活的实例材料，使学生在自主探究学习过程中找到新旧知识之间的冲突点和契合点，以便有效理解和掌握新知，让学生真正成为学习的主人，使学生的主体意识、能动性和创造性得到不断发展，从而促进学生全面而有个性的发展.

课例 1"椭圆及其标准方程"

课前自主探索体验：

(1) 阅读教材人教版选修 2−1 第 2 章第 2 节（38 页至 40 页）内容.

(2) 根据折纸游戏，完成学生作品.

准备一张圆形纸片，游戏步骤如下：

(1) 将圆心记作点 F_1，然后在圆内任取另一点 F_2.

(2) 在圆周上任取 10 个点，分别记作 $A_1, A_2, \cdots, A_{10}$，将它们与圆心 F_1 相连得出 10 条半径.

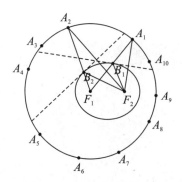

(3) 折叠圆形纸片，使点 A_1 与点 F_2 重合，将折痕与半径 A_1F_1 的交点记作 B_1；然后再次折叠圆形纸片，使点 A_2 与点 F_2 重合，将折痕与半

径 A_2F_1 的交点记作 B_2；……以此类推，最后折叠圆形纸片，使点 A_{10} 与点 F_2 重合，将折痕与半径 $A_{10}F_1$ 的交点记作 B_{10}.

（4）用平滑曲线顺次连接点 $B_1,B_2,\cdots,B_{10}$，有何发现？

陶行知先生曾说："手和脑在一块儿干，是创造教育的开始；手脑双全，是创造教育的目的."学生课前自主探索学习与实验，完成折纸学生作品. 折纸游戏的环节设计正体现了学生手脑并动的意义，让学生在动手中去动脑、去思考游戏中蕴含的数学实质. 课前的探索体验会给学生体验的快乐：数学也可以通过折纸来研究，可以从圆中折出椭圆，非常神奇. 这样学生也能自主找到新旧知识之间的冲突点和契合点. 探索体验也带来了理性的思考：到底什么是椭圆? 折纸里主要用到了对称，那么线段长相等和定点又在椭圆里代表什么? 这样也会引发学生对课题的思考，尊重了学生的个性化发展. 体验带来了兴趣和思考，这就是我们所期待的建构性的课堂的前奏. 只有这样，学生才有可能产生对知识意义的自我叙述和自我表达，带着兴趣去思考，也就有了参与课堂的迫切性和主动性.

课例 2 "椭圆再认识"

课前自主探索体验：生活中也藏着许多椭圆，从椭圆的生成方式上来讲，选择道具：黄瓜、胡萝卜、小刀、手电筒、乒乓球、装了半瓶水的矿泉水瓶，利用这些道具变换出形状不同的椭圆来.

"黄瓜小组"和"胡萝卜小组"选取不同的角度斜着切开，得到不同形状的切片，截面就是不同形状的椭圆.

"手电筒小组"和"乒乓球小组"以黑板为底面，用手电筒光照射乒乓球，把手电筒放在这个位置，按一定的角度把球射到这个黑板上，影子就是一个椭圆.

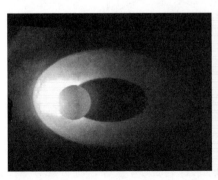

将生活中的黄瓜抽象成圆柱模型，胡萝卜抽象成圆锥模型，从不同角度的

截面出发生成不同形状的椭圆. 在实践中探究影响椭圆的相关因素,引导学生积极动手参与,在自主探索中体会数学模型的建立过程,在体验中收获数学学习的成就感. 进而教师带领学生们分析:手电筒作为点光源,本身发射出来的光线可以看作一个大圆锥,黑板平面截这个大圆锥形成了大椭圆. 一个手电筒的光照射向乒乓球,相当于是过空间中的一个点向乒乓球作切线,切线也形成一个圆锥,黑板平面截这个圆锥得到的截面是小一点的椭圆. 体验不仅提出了一种学习态度,更重要的是提供了一种有助于学生主体开展主动思考的教学理念. 在实验探究中回归数学的逻辑本质,以形助数,通过对图形的剖析,引导学生运用所学知识解决生活中的实际问题,解释生活中的数学现象.

二、互动中体验

互动中体验主要是指在教学过程中,通过生生互动、师生互动的方式,参与课堂的教学活动. 在这个环节,教师可以采取多角度的方式创立使人感到迷惑和困难的教学情境,才能更大程度上体验知识生成的过程.

课例 1　斐波那契数列

要得出斐波那契数列的关键性质,可以设计更有趣的教学体验:同学们一起来做一个小游戏,5 位同学围成一圈依序循环报数,规定:①第一位同学首次报出的数为 1,第二位同学首次报出的数也为 1,之后每位同学所报出的数都是前两位同学所报出的数之和. ②若报出的数为 3 的倍数,则其余未参加活动的同学一起需拍手一次. 已知甲同学第一个报数,当 5 位同学依序循环报到第 20 个数时,甲同学拍手的总次数为多少次?学生小组活动,小组长将 5 人分别与另外 5 个组配对(便于拍手),课堂气氛达到高潮,通过拍手发现 3,21,144,987,6765 这 5 个数是 3 的倍数.

将斐波那契数列设计成一个数字游戏,通过游戏体验出非常抽象的数列的性质:数字 $a_{4n}(n \in \mathbf{N})$ 能被 3 整除,通过观察、计算、验证发现 $a_{3n}(n \in \mathbf{N})$ 能被 2 整除,$a_{5n}(n \in \mathbf{N})$ 能被 5 整除,且 $a_1 + a_3 + a_5 + \cdots + a_{2n-1} = a_{2n}$,$a_2 + a_4 + a_6 + \cdots + a_{2n} = a_{2n+1} - a_1$.

在全面提升学生核心素养的今天,把数学游戏运用到数学课堂,在生生互动中使之有效地激发学生的学习兴趣,寓教于乐,达到"数学好玩"的境界,进而使学生主动地学数学,在生动有趣的数学情境中发展"数、量、形"等概念，培养数学的思维能力及问题解决能力．联系了生活，链接了高考，有助于学生树立正确的数学态度，有助于激发学生的主动性和创造性，有助于渗透数学思想，有助于学生更好地获得知识及数学课程改革的积极推进．

课例 2　二分法

设计师生互动游戏"猜价格"：知道商品价格的教师当主持人，首先设置一个价格区间 (a,b)，学生竞猜价格，教师只会告诉你，高了还是低了，猜中价格即是误差在 ε（根据实际需要设定已知误差范围）范围内，那么怎样才能比较快速地猜中？

这个互动游戏的设计就是模拟二分法的步骤，二分法除了要掌握它的步骤，更重要的是理解"一分为二"的思想根源，怎么想到取中点值的．我们发现，由于认知的差异，有些同学一开始就用取中点的方式，有些同学开始并未想到，而是在猜价格的过程中不断地调整策略，最后发现取中点是一种比较快捷的方式．这种改变就是我们喜闻乐见的，在体验中获取的经验，又转化到下一次活动中．把数学和生活结合起来了，更让同学们觉得数学既源于生活，又高于生活，可以用数学思想指导我们的行为．学生这种体验全程参与度很高，激发了他们主动思考、实际应用和建模的意识．

三、实践中体验

实践中体验和互动中体验都是教学过程中的重要体验方式，不同点在于互动中体验一般是在得出结论前的体验，怎么在互动中得出规律、性质的体验方式？而实践中体验是指在结论得出后，我们可以设计怎样的方式，让学生更易掌握这些规律和性质？

课例 1　"囚徒困境"的数学策略

在本堂课开始，我们设计了"囚徒困境"的情景剧，意在分析"囚徒的两难选择"有着广泛而深刻的意义．个人利益与集体利益的冲突，各人追求利己行为而导致最终结局是一个对所有人都不利的结局．他们两人都是在坦白与抵赖策略上首先想到自己，这样他们必然要服长的刑期．只有当他们都首先替对方着想，或者相互合谋（串供）时，才可以得到最短时间监禁的结果．因此，囚徒本身无法走出囚徒困境．要想打破囚徒困境，只有改变规则．既然规则不变，就无法改变双输的结局．

教师又以"双十一"的价格战作为实践体验，将学生分成两方：商场甲和商场乙. 设置情境：某型号电视机进价 6000 元，商场甲和商场乙均标价 10000 元. 若保持这个价格，预计 8 月份可各卖 1000 台；若商场甲降价 1000，而商场乙保持原价格，消费者比较价格之后，一些潜在消费者出手购买，使得商场甲可卖 2000 台，而商场乙只能卖 800 台，反之亦然；若两方都降价 1000 元，一部分潜在消费者购买，另一部分仍持观望态度，则双方各卖 1200 台.

	商场乙保持价格（元）	商场乙降低价格（元）
商场甲保持价格（元）	400 万/400 万	320 万/600 万
商场甲降低价格（元）	600 万/320 万	360 万/360 万

分别让学生体会作为商场甲和商场乙会不会降价？

学生利用"囚徒困境"分析：对商场甲和商场乙来说，如果采取降价，可能引起双方轮番降价. 这对消费者来说无疑是好事，但不一定会出手购买，因为他们想继续等待下一轮的降价. 而这又使得商家继续选择降价，从而导致了价格战. 从表中我们可以看到，价格战使得双方的利润都下降了，甚至是赔本赚吆喝，这是双方企业都不愿意看到的，因此不降价是对双方都有利的策略. 这其实就是一种"囚徒困境"，双方都会悄悄地降价，这是因为商家们都有这样一种心态：无论其他商家是否降价，我自己降价是可以迅速扩大市场份额的，所以首先降价的商家无疑占据了先手的优势.

在上述价格战策略的数学模型里，商场甲和商场乙都十分清醒地意识到自己所处的环境，以及每一种策略可能得到的结果，因此其策略选择是可以预知的. 降价会使得利润下降，不降价又会丢失市场份额，这本身就是一个囚徒困境. 囚徒本身无法走出囚徒困境. 要想打破囚徒困境，只有改变规则.

"囚徒困境"具有很强的抽象性和逻辑性，难度较大，对学生的思维能力要求较高，以学生的认知为基础，创设相应的教学情境让学生通过教学实践能亲身去体验教学内容和知识体系，使学生能体验到数学的内在魅力，学习热情高涨并在体验中让思维更加活跃，在思考中培养创新能力，实践能力和发散性思维能力，充分调动学生学习的积极性和热情，提高学习效果，促进学生全面发展.

课例 2　在学习了对数后提问：2^{24} 是几位数？请用对数计算.

该问提出后，学生不怎么感兴趣，这时我们可以给学生设置一个实践的体验："某人听到一则谣言，一小时内传给两人，这两人又在一小时内每人又分别传给两人，如此下去，一昼夜能传遍 1000 万人口的大城市吗？（假定受传谣的人不重复）"

设置这样的实践体验，学生有了解决此问题的兴趣和积极性，效果就大不一样．究其原因在于：一是接触世界的手段不同，其学习收获和结果大相径庭．教师设置的体验活动和自己的生活有关，用通俗的话讲就是"更有烟火气"，更能激发学生的实践欲望．二是创立了使人感到迷惑的教学情境．起先，谁都认为这是不可能的事，经过认真计算，发现的确能传递，结果出乎意料，但又在情理中，这样的课堂能使学生完成学习对象和自我的双向构建，最终完成学习目标，达到学习的主动性．三是收获了数学文化的渗透和育人目的．传递速度惊人，影响极坏！传谣可恶，信谣可悲！

四、体验中反思

反思，简言之，就是思考过去的事情，从中总结经验教训．体验中反思，是注重体验带来的反思，和以前认知的冲突，或是理论体系的不完整、缺漏的再修整．所以体验中反思，我们认为不限于课堂，更多的其实是在课后，学生是在体验与反思中逐步形成知识网络的，甚至可以把体验中的反思看成体验的最高境界．那么，体验中反思有哪些方法呢？

1. 思维导图

思维导图，英文名是 The Mind Map，又名心智导图，是表达发散性思维的有效图形思维工具．它既简单又高效，是一种实用性很强的思维工具．思维导图运用图文并重的技巧，把各级主题的关系用相互隶属与相关的层级图表现出来，把主题关键词与图像、颜色等建立记忆链接．思维导图充分运用左右脑的机能，利用记忆、阅读、思维的规律，协助人们在科学与艺术、逻辑与想象之间平衡发展，从而开启人类大脑的无限潜能．思维导图因此具有人类思维的强大功能．

思维导图是一种将思维形象化的方法．我们知道放射性思考是人类大脑的自然思考方式，每种进入大脑的资料，不论是感觉、记忆或想法，包括文字、数字、符码、香气、食物、线条、颜色、意象、节奏、音符等，都可以成为一个思考中心，并由此中心向外发散出成千上万的关节点．每一个关节点代表与中心主题的一个联结，每个联结又可以成为另一个中心主题，再向外发散出成千上万的关节点，呈现出放射性立体结构，而这些关节的联结可以视为你的记忆，就如同大脑中的神经元一样互相联结，也就是你的个人数据库.

在体验中反思的知识、能力，可以构建更新你个人的数据库，所以思维导图一定是个性化的，在体验中总结的经验都反映在思维导图上，故因人而异. 教师在某板块知识结构上可以进行引导，包括知识层面，重难点、题型层面，自己的薄弱点层面. 以下是一些学生制作的范例：

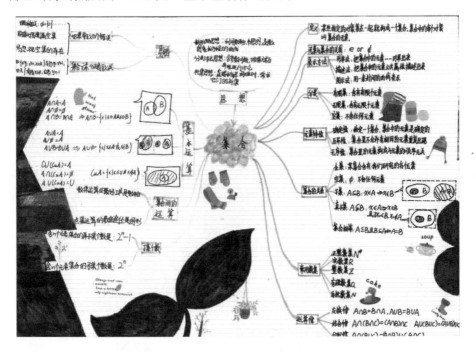

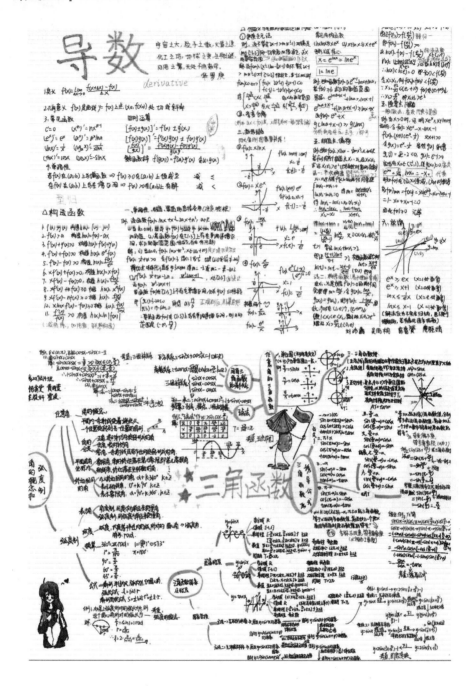

2. 课外实践

课外实践重视学生创新精神和实践能力的培养，更关注学生的现实世界，将教学目标转化为学生的"自我需求"，与学生生活及现代社会、科技发展密切联系，引导学生亲身体验主动参与、亲身实践、独立思考、合作探究、反思升华．课堂呈现勃勃生机，教学方式灵活多样，师生之间平等交流、共同学习的民主关系逐步形成．

　　课例：实践课程——徒手测距

　　课堂内：通过视频和数学模型分析了解徒手测距的原理——"视差原理".

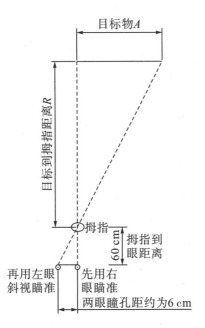

　　课堂外：实践分享，真切感受"视差原理".

学生自己动手测瞳距

学生体验徒手测距

3. 撰写数学小论文

所谓数学小论文，是指学生在数学学习中所写的以数学内容为中心的短小文章. 高中生可以以数学日记为主要形式记述自己学习和应用数学知识的过程、感受和体会. 数学小论文，力争"新"，就是选题要有独特的视角，写的内容不是简单地重复别人的东西，不是单纯地下载文字，最好是自己原创的，至少要有自己的创造、自己的观点，属于自己的思想；力争"真"，指的就是内容要实在、言之有理，既不能空洞无味，也不能冗长拖沓，文章要紧扣主题，力求做到准确、精练，尽量体现数学的严谨性与科学性. 教师可以采取鼓励学生撰写小论文的方式，引导学生再次体验，形成文字也有利于学生理性思考，使其知识网络更完整. 以下有两篇范例：

范例 1 斐波那契数列的推广与性质探究（成都七中实验学校高三学生赖柯文，2020 入选"英才计划"学员，对数学有浓厚的兴趣，并对数学有自己的态度和研究）

以下是他的部分研究成果，在已发掘的基本性质下，作了引申推广：

关于和斐波那契数列相似的数列的推广

卢卡斯数列 1，3，4，7，11，18，…也具有斐波那契数列同样的性质.

这两个数列并没有太大的区别，只是数列的首项不一致导致两个数列不一样.

斐波那契数列替换公式

定理：当 $n \in \mathbf{N}^*$ 时，在以下情况下原斐波那契数列存在替换公式：

(1) 当 $a \in \mathbf{Z}$ 且 $a \in (0,n)$ 时，原斐波那契数列满足替换公式 $F_{2n+1} = F_{n+1-a} \times F_{n+1+a} + F_{n-a} \times F_{n+a}$.

(2) 当 $a \in \dfrac{2k+1}{2}(k \in \mathbf{Z})$ 且 $a \in \left(0, \dfrac{2n-3}{2}\right)$ 时，原斐波那契数列满足替换公式 $F_{2n} = F_{n-\frac{1}{2}-a} \times F_{n-\frac{1}{2}+a} + F_{n-\frac{3}{2}-a} \times F_{n-\frac{3}{2}+a}$.

之后的研究方向如下：

(1) 对于 K_n, Q_n 的迭代过程及函数研究.

(2) 关于 a, b 特殊取值或一般值引起的不动点问题探究.

(3) 探究 a, b 取值引起的数列发散或者收缩问题.

范例 2 练习册上出现了一个 $\sin 18°$ 与黄金分割的很古老的问题，课下继续反思和体验，三个同学的初步研究成果. 下图右边是传统的方法，即利用黄金三角形相似比得到；下图左边是将初中的尺规作图找黄金比与高中的圆的方程和公共弦方程结合.

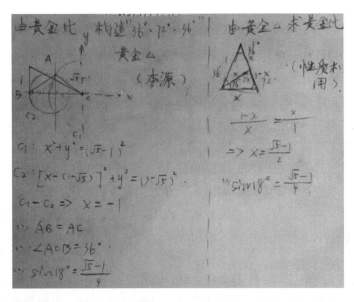

下图左边用了五倍角暴力计算，下图右边利用对称形式的三倍角公式将左边的方法中次数降低，计算简化.

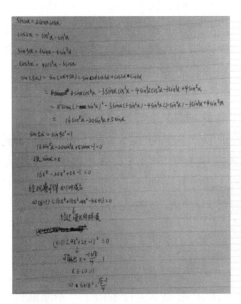
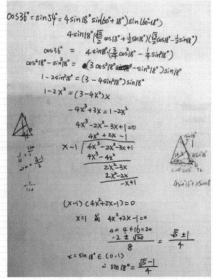

数学的精彩无处不在，这些思想的火种应该延续下来，教师应鼓励他们形成数学小论文.

第四节　激励评价法

　　激励评价法，又称为鼓励评价法，是指在教育教学中，通过教师的语言、情感、动作行为和恰当的教育教学方式，及时地让不同层次水平的学生得到充分的肯定、激励和赞扬，使学生在心理上获得自信和成功的体验，激发学生的内在需求和学习动机，提高学习效率，内化学生的人格，是一种使学生积极主动学习的策略.

　　要了解激励评价的理论依据和意义，让我们先来了解皮格马利翁效应. 皮格马利翁效应是一个心理学名词，又称为罗森塔尔效应，是由心理学家罗森塔尔和雅克布森在智力测验中发现的. 该效应通过教师对学生心理潜移默化的影响，使学生取得教师所期望的进步现象，即对人们的期望值越高，他们的表现就越好.

　　心理学研究证明，受教育者，特别是孩子对自己的了解往往首先是从教育者那里得到的. 信孩子，孩子才信自己. 作为教育者，无论是教师还是家长，要对受教育者充满信心，相信他们能发展得更好是很重要的. 如果受教育者感到教育者认为他们有能力、信任他们，那么他们也认为自己是有能力的、是值得信任的，他们就能建立起自信，使自己有热情为做得更好而努力. 皮格马利翁效应告诉我们：一是当我们怀着对某件事情非常强烈期望的时候，我们所期望的事物就会出现；二是对一个人传递积极的期望，就会使他进步得更快，发展得更好.

　　在高中数学教学中，教师要努力营造多主体参与的评价氛围，促使学生主动思维，要多用激情的、鼓励性的评价语激发学生的学习、表达的欲望，加速学生个性的有效发展. 激励性评价融入高中数学教学可有效提高数学教学质量，让学生在心理上获得自信和成功的体验，共同期待学生的"要我学"变成"我要学". 深度教学的课堂如何实施激励评价法，我们认为有以下三种方式.

一、目标激励评价

　　目标激励评价，是教师给学生设定目标，激励学生奋发向上，不断取得进步的教学策略. 首先这些目标要切实可行，目标的设立也要因人而异，力争让每一个学生有"跳一跳，够得着"的目标获得感. 其次在实施评价的时候，可以将大目标细化成一个一个小目标，激励学生先尝试着完成小目标，某些目标不一定是一次性达成，可以细化成分期完成、课后完成、小组讨论完成等.

课例：三角函数的诱导公式（人教版必修 4 第一章第三节第 1 课时）

教学目标设置：

知识与技能

（1）能够借助单位圆推导三角函数的诱导公式，特别是学习从单位圆的对称性与任意角终边的对称性中发现问题（任意角 α 的三角函数值与 $\pi+\alpha$，$-\alpha$，$\pi-\alpha$ 的三角函数值之间有内在联系），提出研究方法（利用坐标的对称性或者三角函数线，得出相应的关系式）.

（2）能够简单运用诱导公式，把任意角的三角函数的化简、求值问题转化为锐角三角函数的化简、求值问题.

过程与方法

（1）类比圆的性质——对称性，研究三角函数的性质——诱导公式，经历由几何直观探讨数量关系式的过程，体会三角函数的诱导公式是圆的对称性的"代数表示"，培养学生数学发现能力和概括能力.

（2）在对诱导公式的延伸与思考中，引导学生多维度地对过程和结论进行再探究，培养学生从特殊到一般的研究能力，培养化归能力，提高学生分析问题和解决问题的能力，也使得三角函数的各个板块融为一个整体.

情感态度与价值观

（1）通过对诱导公式的探求，培养学生的探索能力、钻研精神和勇攀科学高峰的态度，培养学生数学建模的素养.

（2）在诱导公式的探求过程中，运用合作学习的探求方式进行，培养学生团结协作的精神.

教师在对"知识技能（1）发现任意角 α 的三角函数值与 $\pi+\alpha$，$-\alpha$，$\pi-\alpha$ 的三角函数值之间有内在联系"上做的目标达成度有层次区分. 在角 α 与 $\pi+\alpha$，$-\alpha$，$\pi-\alpha$ 的对称关系中，$\pi-\alpha$ 与 α 的对称关系较难，教师采取细化目标的策略.

第一层次：用特殊角 150° 和 30° 的正弦值相同，引导学生将 150° 的终边关于 y 轴对称，从而特殊到一般再过渡到 α 与 $\pi-\alpha$ 终边关于 y 轴对称，但是论据不充分. 教师没有提出异议，给予学生肯定与表扬："这是一种特殊到一般的数学研究方法，具有普遍意义"，还帮助学生借助几何画板验证 α 为任意角的情况. 第二层次：α 是任意角后，与 $\pi-\alpha$ 还关于 y

轴对称吗？抛出问题．部分同学能仿照教师刚才借助几何画板，采用度量角的方式，验证对称性．虽然特殊到一般的"论据"不充分，教师依旧鼓励学生"实践出真知，非常棒"．第三层次：把 α 与 $\pi - \alpha$ 当作实数处理，故在数轴上两值的中点值为 $\dfrac{\pi}{2}$，又回到角的终边，所以任意角 α 与 $\pi - \alpha$ 关于 $\dfrac{\pi}{2}$ 对称．

学生普遍能达到第一层次，教师的激励显得尤为重要．在第二层次的达成上，学生们才敢仿照前面教师的做法，同时又有创新，借助几何画板度量角，这就是设计小目标，让学生"跳一跳能够得着"．第三层次理论水平较高，因此教师将目标设定为：因人而异，普遍学生掌握到第二层次，第三层次能听懂教师的解读就好，以后能有多维度思考问题的方式就是成功的．教师也应即时点评，鼓励学生"这次没有思考严谨，力争下次有更多的理性思考"，为学生以后遇到困难可以多维度思考问题埋下伏笔．这就是隐性课堂的作用．教师在隐性课堂里更能体现出以学生为本的思想．虽然只有很少部分同学能达到第三层次，将问题解释完整，但同学们依旧信心满满，这就是激励评价法中细化目标逐步达成、因人而异的教学策略．

二、过程激励评价

过程激励评价是一种在课程实施的过程中对学生的学习进行评价的方式．过程激励评价采取目标与过程并重的价值取向，对学习的动机效果、过程以及与学习密切相关的非智力因素进行全面的评价．过程性的功能包括对学生的学习质量水平做出判断，肯定成绩，找出问题，促进学生对学习的过程进行积极的反思，从而更好地把握学习方式方法．过程激励评价不是对微观意义上的学习过程的评价，也不是只注重过程而不注重结果的评价，而是对课程实施意义上的学习动机、过程和效果的三位一体的评价．

过程激励评价要注重以下几个方面：一是评价更多地关注学习动机和过程，但也兼顾结果；二是评价的时效性，教师及时给予激励评价；三是多元化评价，可以是教师对学生的评价，也可以是生生评价，促进学生互相欣赏．

例如课例"椭圆再认识"中，谈到椭圆的第一定义，下面是一段师生对话．

师：一个动点到两个定点的距离之和为定长，动点的轨迹一定是椭圆吗？

　　生1：定长大于两定点间距离的是椭圆.（生2跃跃欲试）

　　师：椭圆概念领悟精准，生2你同意生1的观点吗？

　　生2：同意生1的说法，更进一步，可以把点 E 和点 F 连接起来，就会构成一个 $\triangle PEF$，于是可以清楚地看到，定长是大于两定点间距离 EF 的.

　　师：在生2的补充下，使得生1的理论更有说服力，大家也可以用此来记忆，很好.

　　老师继续追问：椭圆上有没有点 P 使之不构成三角形的情况？

　　生3：有，当点 P 在线段 EF 的延长线上时，不构成三角形.

　　师：这点补充得非常好，所以基于定义，那就是任何一个细节和关键点都是不能放过的. 刚才我们是站在巨人的肩膀之上，沿着他探寻过的足迹在探究，但是接下来的问题就要依靠同学们自己了.

　　在这段课堂实录里，我们认为教师做了很好的过程激励的范式. 一是及时地进行了科学的点评，如"椭圆概念领悟精准""理论更有说服力""忠于定义"，这种点评比单纯性的鼓掌更有内驱力，学生更有学习的欲望. 二是教师仍旧关注双基，提示同学们"生2的补充可以用此来记忆椭圆的定义的限制条件". 三是关注了学生学习的过程，教师跟着学生的思路，提出适当的思考与追问，如"椭圆上有没有点 P 使之不构成三角形的时候"，更能激发学生的学习主动性，这就是以学生为主体的教学课堂. 四是在生1回答时，关注了其他同学，发现生2有表达的欲望，抓住学生的兴奋点，进行适当的生生互评，使得双方都有获得感. 虽然生2表述不严谨，但是没有否定，而是采用追问的模式，引发全体同学的再思考，所以处处彰显出激励评价的智慧. 五是数学德育的渗透，"我们是站在巨人的肩膀之上，沿着他探寻过的足迹在探究，但是接下来的问题就要依靠同学们自己了". 提出希望，同时也在给同学们打气，希望他们具有不服输、勇攀高峰的钻研精神.

三、考评激励评价

　　考评的最终目的是激发学生的积极性、主动性和创造性. 首先要有科学的考评激励评价机制，其次考评要有目标导向功能，引导学生朝某些方面发展，最后考评的作用是反馈调节，反观学习过程中的问题，教师合理引导. 除了考试这个指挥棒，我们认为可以从以下两个方面考评激励评价学生.

　　对于平时作业的考评，我们可以设定 A^+，A，A^-，B^+，B 五类考评等级. 对于平时成绩较差的同学，可以更多地在学习态度上予以关注. 例如从作业的完成情况上可以做一些适当的批注和引导，如"此题可以关联某例题""加油""有进步"等话语，这样能让学生感受到教师的关爱，也为后续的提升输入动力. 又例如某同学某道题的解法独到，可以在这道题旁点赞，鼓励他的独立思考和创造性思维，特别新颖的解法还可以分享给大家.

　　建立学生的数学档案，这是一个比较客观的考评激励评价方式，可以涵盖课堂观察、作业等级、错题梳理情况、单元学习评定等内容，分为自评、小组互评、教师评价、家长评价四方面，建议采用"1+1"评语方式，即一个优点和一个有待改进的地方. 数学档案的设立，目标导向功能明确，可以从不同维度发现学生的问题，引导学生及时调整反馈.

第三章　数学深度教学的课堂范式

"深度学习"（Deep Learning），最早由 Ference Marton 和 Roger Saljo 在 1976 年联名发表的《学习的本质区别：结果和过程》[①]中提出．上海师范大学黎加厚教授在 2005 年发表的《促进学生深度学习》中提出：深度学习是指在理解的基础上，学习者批判性地学习新思想和新知识，将它们与原有的认知结构相融合，将众多思想相互关联，将已有的知识迁移到新的情境中去，做出决策并解决问题的学习．[②]

教育领域之所以日趋青睐能促进学生深度学习的深度教学研究，一个很重要的原因就是：当前的教学无法让学生处于一种深度学习的状态．以数学学习为例，数学深度学习应该是抓住数学学科的本质规律，突显数学学科的核心理念，深研数学知识的内在联系，揭示数学规律的形成过程，提炼数学蕴含的思想方法，体验数学的理性精神的学习方式．而在高中，较多学生其实就是在浅层次的学习之中强记知识，然后在重复的题海训练之中运用知识．因此，深度学习自然就成为教育理论界与一线教师所欢迎的教学取向．有专家基于布鲁姆的教育目标分类学指出：在深度学习过程中，深度学习相对于浅层学习，学生的认知水平更高，涉及深层理解、应用、分析、综合、评价等，而这些都与理性思辨、创造性思维、问题解决等复杂的心理活动紧密联系．换句话说，从学习心理学的角度看，深度学习对应着某些复杂的心理活动．与之相反，浅层学习的心理活动就较为简单，其只涉及学生的简单记忆、提取和直接运用等．

促进学生深度学习有一个最基本的理念，那就是教师的教应服务于学生的学．课堂上，深度学习并不能自然发生，它需要有触发条件，也需要教师和学生共同协作才能进行．教师在整个教学过程中占据着至关重要的地位，因为他们需要不断地引导学生的学习行为．而学生仍然是学习过程的主体．深度教学

[①]　Marton F，Saljo R. On qualitative differences in learning：I—Outcome and process ［J］. British Journal of Educational Psychology，1976（46）：4—11.

[②]　何玲，黎加厚. 促进学生深度学习 ［J］. 现代教学，2005（5）：29—30.

就是教师在准确把握学科本质和知识内核的基础上,触动学生情感和思维的深处,引导学生自主发现和真正理解的一种深度教学状态.

"程学琴名师工作室"在促进学生深度学习方面做了很多结合实际的思考和探究,也就是深度教学方面的实践和探究. 我们认为,基于课堂的数学深度学习是指学生在学习的过程中,借助教师创设的教学情境,来调动以往的生活经验与所学知识相融合,理解知识中蕴含的数学思想方法,主动培养自己的数学核心素养和学科情感,并且能够将知识迁移应用、融会贯通的一种学习方式. 在深度学习和深度教学的过程中,需要教师把知识平移、传输或者灌输给学生的过程转化为通过教师的引导带领,让学生不断发现知识、理解知识和应用知识的过程. 结合深度学习的特征,我们认为要想让学生进行深度学习,需要以下几个条件:

(1)学生思考和操作的学习对象,必是经过教师精心设计、具有教学意图的结构化的教学材料. 也就是说,学生的学习对象,必须是隐含着知识、具有复杂而深刻的教育意义的内容,是在学生当前的认知水平下,能够理解或者能够动手操作的对象. 这样一来,学生学习的对象就需要教师进行两个转化:一是由抽象的"知识"转化为学生当前的认知水平下能够接受的,并且包含促进学生某种思维品质发展的"教学内容". 二是把"教学内容"转化为学生可以操作的、需要学会且能够理解和接受的知识. 例如"平面向量数量积的坐标表示"一课,教师在教学过程中就需要把物理上力做功的知识背景转化到这一节课所要讲解的数学内容上来,让学生类比物理上的知识来学习平面向量数量积,最后再帮助学生把它内化为本节课要掌握的数学知识.

(2)为更好地实现教学目标,在教学资源有限的条件下,教师应该有计划、有顺序地引导学生学习和理解教材上的内容. 只有理解了教材上的内容,学生才有可能把本节课的知识内化到自己原有的知识体系中去,从而丰富自己的元认知知识,进而促进更深层次的学习.

(3)教师和学生共同创建一个优良的教学环境,要有宽松、平等、合作和安全的互动氛围. 善于聆听,及时给予回应,与学生平等地展开讨论是课堂深度学习的前提,学生能多思多练,与同学和教师及时进行探讨所遇见的问题,举一反三地理解问题和解决问题,是深度学习的课堂教学能否顺利实施的决定性条件.

(4)结合实际教学情况及时调整和优化教学活动. 教学过程虽然是预设的,但不是一成不变的,因此教师要根据实际的现场情景进行及时的调整. 当然,这就对教师有了更高的要求,需要教师对自身的教学活动有清晰的评价意识、有明确而细化的教学目标，能够及时发现学生行为和反馈．只有这样，教师才能收集到有价值的反馈信息，才能对教学做进一步的调整，才能更有利于自身教学经验和专业的发展与成长．

数学教学不能只浮于表面，而应该有深度．有深度教学的理论指出，深度教学有三个维度：参与度、适切度、延伸度．"程学琴名师工作室"在具体的实践探究和理论研讨中，对这三个维度形成了以下几方面的体会：

一是要重视问题情境的有效创设，这会对学生的学习兴趣和动机产生积极影响，从而影响学习深度．其中蕴含了参与度和适切度．

二是重视统整性，如学科内的统整和学科间的统整，这会让学生在学习过程中有更高更全的视野和思维，从而提高学习品质和深度．其中蕴含了延伸度．

三是要重视核心素养的培育，直击学生心灵，让学生的学习有灵魂，有深度．其中蕴含了延伸度．

四是要重视学生的实践，让学生在学中做，做中学，理论联系实际，真正让学生的学习有深度．其中蕴含了参与度和延伸度．

基于此，在上一章的基础上，本章将和大家分享"程学琴名师工作室"在这四方面所做的深度教学的课堂范式．由于工作室在这方面探究实践很多，所以每一方面我们只选定一个角度例谈．

第一节　问题与情境的有效创设
——以概念课教学为例

在日常教学中，工作室成员非常注重"问题与情境的创设"，在第二章第一节中，已经对问题情境探究的策略进行了详细的分类，本章将针对概念课给出一些实际案例．

比如在指对数运算教学中，如果只提问"2 的 24 次方是几位数？请用对数计算"，该问提出后，学生不怎么感兴趣，这时换一种提法：

"某人听到一则谣言，一小时内传给两人，这两人在一小时内每人又分别传给两人，如此下去，一昼夜能传遍 1000 万人口的大城市吗？（假定受传谣的人不重复）"

这样一发问后，起先，谁都认为这是不可能的事，经过认真计算，发现确能传递，结果出乎意料，但又在情理之中，这样的课堂既能引起学生的兴趣，又能使学生通过解决问题受到思想教育——传递速度惊人，影响极坏！传谣可恶，信谣可悲！至此学生有了解决此问题的兴趣和积极性，效果就大不一样.这就是问题情境有效创设的显著作用.

再如"独立性检验"一节的概念在高中并没有完整准确的理论知识，工作室成员在对此节新课做情境创设时充分考虑到这一点，从学生熟悉且感兴趣的情境出发，引人入胜（详见第二章第一节）.

工作室成员在上"变化率与导数"新课时，对情境创设做了非常独到的思考与实践. 众所周知，由于高中学生所具备的知识基础有限，加上抽象思维要求高，变化率与导数一节的概念是很难上的，但是教师从开篇引课的情境创设就紧紧抓住了学生的认知规律和兴趣点，过程中的问题创设层层递进，使本课后面的层层深入水到渠成，为我们提供了在概念课教学中通过"问题与情境有效创设"促进学生深度学习的经典课堂范式. 以下是教师对本课的思考和课堂实录节选，亦即概念课问题与情境创设的经典课堂范式.

【课堂范式】

变化率与导数

数学概念是学习数学知识的基础，是数学思维的基本形式，其形成通常经历两种不同层次的抽象过程：一种是从数学外部的事物出发，经过数学化抽象出数学概念；另一种是在数学内部，对已有数学概念的进一步抽象结果. 概念的形成过程就是对概念进行数学抽象、概括的过程，而板块内容的起始概念作用尤其突出，抓住了起始概念，就抓住了该板块的根基，也就把握住了发展学生数学抽象素养的最好契机.

从认知心理学的观点看，概念学习一般要经历如下过程：①典型具体事例的分析、比较和归纳，得出共同属性；②将共同属性推广到一般而概括出概念；③通过具体例子（特别是反例）辨析概念关键词，以及用概念做判断的应用活动促进概念的理解；④通过综合、复杂的应用建立相关概念的联系使概念"精致"化. 基于此方法论，如何在起始概念课中设计好抽象概括过程，提升学生数学抽象素养呢？下面以"变化率与导数"为例，分享笔者的实践与思考.

一、起始概念课教学设计的基本策略

（一）创设合理情境，自然引入概念

数学的板块系统性知识起始于概念，通常来源于感性认识，即学生所能观

察到的或者自己所熟悉的日常生活与生产实际中的现实模型及其抽象. 课程标准更是强调数学与现实生活的联系，故教材编写也是基本以"实际情境—建立数学模型—检验与应用"为主线展开. 因此，数学概念课的教学要基于大量的生活实例进行概念的探究和生成，回归生活原型，提炼数学概念是最基本的数学抽象形式，这也正是发展数学抽象的起始点.

例（环节 1）结合章引言和牛顿、莱布尼兹照片，介绍微积分的创立背景和作用. 播放里约奥运会我国跳水运动员的跳水场景，引入教材引例：

人们发现，在高台跳水运动中，运动员相对于水面的高度为 h（单位：m）与起跳后的时间 t（单位：s）存在函数关系 $h(t) = -4.9t^2 + 6.5t + 10$.

【设计意图】①结合章引言，"微积分"高调入场，激发学生求知欲；②放弃教材"问题 1：气球膨胀率"，主要是因为生活中的气球基本都不能使用球体体积公式，虽对感知有一定帮助，但严谨性有待考证；③用学生熟悉场景引入，让函数关系不突然，学生无意中进入研究状态.

（二）设计恰当问题，层层递进，梳理共同属性，抽象概括概念

数学抽象要以基于感知和操作的知觉经验为基础，通过典型的实例引导学生对概念的属性进行分析、比较、讨论、理解后归纳出共同属性. 归纳类比、归纳概括是生成概念的重要方式，让学生以"发现者"的角色经历概念的发现过程，深度参与数学抽象过程，才能积极有效地让学生经历知识的发生过程，促进学生认知水平的发展，提升其数学抽象素养.

例（环节 2）问题 1：在 $0 \leqslant t \leqslant 0.5$ 这段时间里，运动员的平均速度是多少？这个平均速度的物理意义是什么？

问题 2：将 $0 \leqslant t \leqslant 0.5$ 改为 $1 \leqslant t \leqslant 2$ 呢？

问题 3：在 $t_1 \leqslant t \leqslant t_2$ 这段时间里，$\bar{v}$ 又怎么写？

问题 4：你能再举一个例子，类比设计"求平均"的问题吗？

问题 5：如果函数关系用 $y = f(x)$ 表示，那么当 $x_1 \leqslant x \leqslant x_2$ 时，$\bar{x}$ 又怎么写？

【设计意图】①通过设计问题 1 和问题 2，从该实际问题的物理意义入手，让学生直观地感知运动变化过程是有快有慢的，而平均速度正是描述了位移在时间段内变化的快慢程度，为归纳函数平均变化率的概念提供了"认知基础"；

②设计问题4，让学生自主举例，丰富事例中感知"求平均"的方法和结构，为抽象活动奠定基础；③设计问题3和问题5，引导学生分别将时间和函数关系式一般化，拾级而上地得到平均变化率的式子，"平均变化率"的概念就只差一个认定，即说法的明确，此时教师直接给出概念，让学生充分体会从具体到抽象、从特殊到一般的数学思想.

（三）辨析应用概念，促进概念理解

概念因其高度的抽象性，理解总是困难的，有些学生能够背出概念，却不能利用所学的概念解决实际问题. 为此，笔者尝试利用具体例子（特别是反例）辨析概念，这一做法能有效地促进学生对概念的理解. 用概念解决问题，注意不只是题目而是问题，开放式设问更能让学生去自主思考、表达，有利于数学抽象的反复强化.

例（环节3）问题5：如何从数学角度来刻画温度的"骤降"？

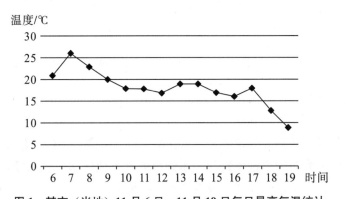

图1　某市（当地）11 月 6 日—11 月 19 日每日最高气温统计

问题6：你能举例说明用平均变化率来表示其他生活现象吗？

【设计意图】概念是从实际问题抽象出数学的本质，而对实际生活现象的数学概括，能促进学生对概念（平均变化率）的理解，同时也让学生感受到数学与生活的联系.

（四）探究概念流向，建立概念联系

概念从来都不是孤立的，概念的巨大价值就在于其广泛联系. 探究概念的流向，将概念置于复杂的环境中，建立与相关概念的联系，才是概念的价值. 对于板块起始概念，更多的研究其流向，由其层层推进，衍生新的概念.

例（环节 4）问题 7：通过高度和时间的函数图象可以看到，$t = 0$ s 和 $t = \dfrac{65}{49}$ s 时的高度是一样的，这个时间段内的平均速度为 0，但显然运动员并不是静止的．这说明平均速度能粗略地反映运动员在某段时间内的运动状态，却不一定能反映他在某一刻的瞬时速度．物理上是怎么求瞬时速度的呢？（PPT 呈现打点计时器、纸带及实验求瞬时速度的结论）

问题 8：为什么说任意一点的瞬时速度可以表示为与该点相邻的两点之间的平均速度？

【设计意图】①让学生初步明白平均变化率的不足，感受进一步探究、学习的必要性，激发进一步探究的欲望，完成平均速度到瞬时速度的过渡；②用物理实验结论，不仅让学生更好地理解数学（接地气），同时也能让学生感受数学对于自然科学的巨大作用．

例（环节 5）问题 9：求运动员 $t = 2$ s 时的瞬时速度．

教师在问题 8 的分析上，鼓励学生提出如何求 $t = 2$ s 时的瞬时速度，即求 2 s 附近的平均速度．当 $\Delta t < 0$ 时，区间为 $[2 + \Delta t, 2]$，当 $\Delta t > 0$ 时，区间为 $[2, 2 + \Delta t]$，师生共同书写平均速度表达式 $\bar{v} = \dfrac{h(2 + \Delta t) - h(2)}{\Delta t}$，学生分组讨论完成表格．

(1) 完成下表：

当 $\Delta t < 0$ 时，在 $[2 + \Delta t, 2]$ 这段时间内	当 $\Delta t > 0$ 时，在 $[2, 2 + \Delta t]$ 这段时间内
$\bar{v} =$	$\bar{v} =$
当 $\Delta t = -0.01$ 时，$\bar{v} =$	当 $\Delta t = 0.01$ 时，$\bar{v} =$
当 $\Delta t = -0.001$ 时，$\bar{v} =$	当 $\Delta t = 0.001$ 时，$\bar{v} =$
……	……

(2) 观察表格数据，结合几何画板的演示，你发现了什么规律？

(3) 你认为当 $t = 2$ s 时的瞬时速度是多少？为什么？

师：瞬时速度就是平均速度的极限值，这种无限逼近思想，我国古代数学中就有了，如战国《庄子·天下篇》中的"一尺之棰，日取其半，万事不竭"．

当 $\Delta t \to 0$ 时，$\bar{v} = \dfrac{h(2 + \Delta t) - h(2)}{\Delta t} \to -13.1$，为了表述方便，我们

用 $\lim\limits_{\Delta t\to 0}\dfrac{h(2+\Delta t)-h(2)}{\Delta t}=\lim\limits_{\Delta t\to 0}(-13.1-4.9\Delta t)=-13.1$ 表示"当 $t=2$，Δt 趋近于 0 时，平均速度 v 趋近于确定值 -13.1".

【设计意图】①抽象符号 Δt，$\lim\limits_{\Delta t\to 0}$ 由教师直接给出，这属于识记类知识，讲明写法、讲清含义即可；②引入抽象，通过动手计算，几何画板数据变化演示，培养学生观察、分析、比较和抽象概括的能力，让学生充分经历从平均速度到瞬时速度的探究过程；③体会"逼近"思想，渗透数学文化.

例（环节 6）问题 10：运动员在某个时刻 t_0 的瞬时速度如何表示？

问题 11：类比归纳，函数 $f(x)$ 在 $x=x_0$ 处的瞬时速度（变化率）如何表示？

【设计意图】由平均速度的极限抽象为瞬时速度，将平均变化率的极限抽象为瞬时变化率，即导数. 让学生再一次经历从特殊到一般的抽象过程，符合学生的认知规律，提高他们的思维能力，使得瞬时变化率的概念获得"原型"支持，形成概念的模式直观.

例（环节 7）教师给出导数的定义，引导学生阅读概念，并提问：①瞬时变化率与导数有什么关系？② $f'(x_0)$ 的值与 x_0 的值有无关系？③ $f'(x_0)$ 的值与 Δx 的具体取值有无关系？④强调符号书写的规范性.

【设计意图】①辨析概念及符号表示，概念的符号语言，在学生辨析的基础上，教师要明确讲解，正本清源；②引导学生舍弃具体问题的实际意义，抽象为数学属性，在知识的迁移下，学生能顺利地表示出一般函数在某点处的瞬时变化率，即导数，实现认识上的飞跃.

例（环节 8）：将原油精炼为汽油、柴油、塑胶等各种不同产品，需要对原油进行加工（主要为加热和冷却）. 原油的温度（单位：℃）与第 x 时（单位：h）的关系为 $f(x)=x^2-7x+15(0\leqslant x\leqslant 8)$. 计算 $f'(2)$ 和 $f'(6)$，并说明它们的意义.

【设计意图】此题为教材例题，原题目问的是计算第 2 h 和第 6 h 的瞬时变化率，改为让学生直接计算 $f'(2)$ 和 $f'(6)$，让学生熟练导数书写形式，加深对概念的理解，巩固导数的计算过程及其内涵意义.

（五）反刍探究过程，评价抽象水平

在概念探究过程中，学生对概念的理解程度是立竿见影的，而对数学抽象方法、抽象能力的过程性、形成性与诊断性评价是长远的追求.

例：自评小结：①你能用自己的语言描述平均变化率、瞬时变化率、导数的含义吗？②你能用一个事例，串联这几个概念吗？③回顾一下物理、数学的内容，你能列举几个与之相联系的概念吗？④通过本节课的探究，你觉得我们应该如何学习一个新的数学概念？

【设计意图】反思是提升的重要手段，对标数学抽象素养的三个水平设置问题，让学生在思考回答中加深概念理解，进行自我水平评估，同时为后续学习提供方法支撑.

二、本节起始概念课设计的几点说明

（1）本节课的内容是变化率问题和导数的概念两课时的整合. 这样安排是基于以下两点：一是平均变化率和瞬时变化率是为了导数的引入作铺垫的起始概念，两节课内容一起讲授能让导数概念的形成更自然流畅；二是学生已在高一学过了平均速度和瞬时速度，并且做过物理实验打点计时器，为求瞬时速度提供了知识基础，同时学生有能力接受两课时的内容.

（2）本节课有两个概念，平均变化率是最起始的概念，瞬时变化率是平均变化率纵向升华，教学设计中把平均变化率视为主体，采取了概念教学中嵌套概念教学的做法. 虽然在实际操作中，学生并没有异样的感受，但这种做法的科学性有待商榷. 或者换个角度，是否可以采取单元教学设计策略，直接概念串（平均变化率—瞬时变化率—导函数）呢？

三、把握起始概念课教学的"五性"，抓住数学抽象的"五要素"

1. 情境创设的合理性：数学抽象的土壤

由具体事例（现实情境）抽象概括出概念，这已是数学教师们的共识，但在各级各类教研活动中，"假情境"广泛存在，"坏情境"也不少. 何为典型？事例的相关性、科学性都是应该充分考虑的，情境创设必须具有合理性，后续的抽象活动才有意义，情境是抽象的土壤. 例如讲二分法时，有人以娱乐节目猜价格的游戏引入，这就有明显的科学性问题，二分法适用于连续函数，而事例不是连续函数.

2. 归纳设问的指向性：数学抽象的方向

给出事例之后，类比找共性，应有引导性提问，否则可能找出一大堆无关紧要的东西. 当然，设问也不能口子太窄，否则都不用找了. 教师要把握归纳设问的指向性，同时注意自由度，让学生有方向，也有思考的空间，给出现"意外的惊喜"提供一些可能.

3. 概念辨析的生成性：数学抽象的真实

理不辩不明，概念更需要辨析. 在讲授式的课堂中常出现"一个概念几点说明"，教师有先见之明地给出几点，这种操作虽有一定的合理性，但有些武断. 教师可以在学生出现问题时再给予解答，或者通过提问引导学生去发现问题（认知冲突），课堂生成的问题才是最真实的问题，只有把握好概念辨析的生成性，数学抽象才真实的发生过.

4. 概念联系的自然性：数学抽象的升华

概念之所以重要，在于它的基础性和联系性，所以大家都重视概念，也努力在将各个概念相联系，但联系一定要自然，否则就会显得牵强，或者冲淡主题. 对于起始概念而言，联系的概念应该是其类比的起始概念，或者是其后续发展的概念，往往会再一次经历数学抽象过程，是抽象活动的又一次升华.

5. 使用方法的适应性：数学抽象的科学

凡事都是有方法论的，概念教学的方法更是层出不穷，但每种方法都不是万能的，也不能机械使用，要因地制宜、因时因势使用，让理论为实践服务，而不是为了用而用.

抽象经验需要在抽象活动中积累，抽象能力需要在抽象活动中发展，抽象素养需要在抽象经验的积淀与升华中养成. 学生接受教材和教师抽象出来的数学知识，未必懂得这些知识与原始的、具体材料的联系，未必理解和掌握其中的抽象思路与方法，而这恰恰是学生最有用、最需要的东西. 因此在进行起始概念教学时，要培养学生经历层次清晰的抽象过程，让学生参与抽象、尝试归纳抽象.

数学概念课教学是培养学生抽象思维的基本途径，是促进学生数学抽象素养的有效载体，"程学琴名师工作室"成员一直致力于通过起始概念课的教学，以概念的内在逻辑为线索，将数学抽象贯穿在情境—归纳—迁移—应用的过程中，让学生充分经历抽象思维过程，促进学生深度学习，更好地发展数学抽象的核心素养.

第二节　知识与思维的优化统整
——以章头课与复习课教学为例

新课标提出优化课程结构，突出主线，精选内容的要求，强调主题（单元）的教学是实施深度学习的抓手，无论是必修课程还是选修课程，都涉及"函数、几何与代数、概率与统计、数学建模活动与数学探究活动"四大板块内容. 这就为学生的学习和教师的教学带来了极大的方便，也减轻了教学负担，从而更好地服务于"深度学习"这一实现课程目标的途径，在总体上实现教学目标.

教师在进行单元教学时，首先要总揽全单元内容，确定每个单元的整体目标和探究主题. 探究主题与单元整体目标有密切关联，是在学习一个单元内容的过程中引导学生深入思考并逐步形成的. 在具体操作时，可以将数学核心素养中的一个或几个作为深入探究的主题，如数感、空间观念、推理能力、数据分析观念等. 其次，教师要对每一节的内容进行教材分析，这样一来，既可以熟悉教学内容，又可以站在一定的高度进行教学设计，确保对每一个知识点都理解透彻，甚至对每一小节在本单元中的作用都要有清晰的认识. 在对教材有了充分的认识之后，再进行具体的教学设计，就有了明确的方向，这样才可以保证学生所学知识的系统性和科学性. 最后，在每一章的内容讲解完以后，教师要及时对本章的知识进行回顾与总结，以便学生对本章内容形成系统的认识. 在总结完以后，可以分专题让学生进行练习，让学生学以致用，只有把学习到的知识转化为个人的直接经验后，才能避免将知识遗忘.

在本书第一章"深度教学的过程逻辑"一节中提到："深度教学以'融合与联结'为课堂活动的基本特质。""程学琴名师工作室"在成都树德中学整全育人的大背景下，对深度学习有了新的具体思考角度和研究方向，即在章头课和复习课中实践思维统整、学科统整. 例如"椭圆再认识"一课，就是基于章头课，并通过教师创造性的精心设计，使学生真正深刻认识到了圆锥曲线的由来.

教师别具一格地在章末复习后上章头课的设计，使得同学们在已经有本章节的知识框架（见图 3-1）的基础上再回头看章头课，视野更高，统整性也更好. 给章头课的设计提供了一种有新意的课堂范式，也符合本书第一章所提到的深度教学的过程逻辑和价值体验的经典课堂范式.

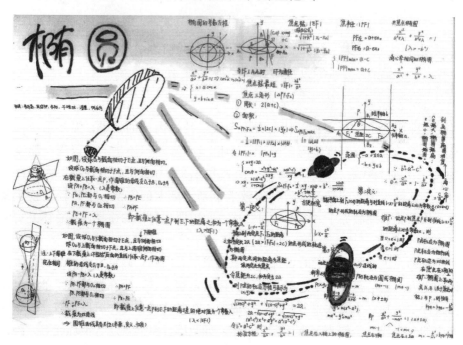

图 3-1　学生做的章节思维导图

在通过思维导图进行章节梳理的前提下，教师让同学们阅读教材选修2-1章头两图的说明（见图 3-2）和阅读材料《为什么截口是椭圆》（见图 3-3），并查阅资料，尝试制作旦德林双球中的圆锥或圆柱模型. 由此受到启发，让同学们收集到尽可能多的椭圆的生成方式，再利用生活中的道具生成椭圆，并做出解释（见图 3-4）.

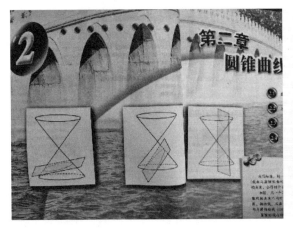
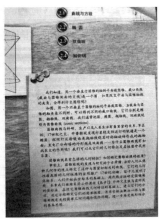

图 3-2　教材选修 2-1 章头图

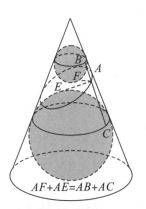
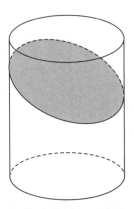

$AF+AE=AB+AC$

图 3-3　教材选修 2-1 阅读材料《为什么截口是椭圆》旦德林双球模型

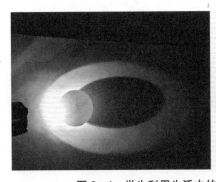

图 3-4　学生利用生活中的道具生成椭圆

　　最后，由形象感知操作到抽象提炼推理，教师让同学们抽象出平面截圆锥或圆柱模型，结合自学材料，尝试证明"截口为什么是椭圆".

　　在证明过程中，教师通过下面的层层设问，引导启发，体现了深度学习的过程：

（1）类比二维平面过圆外一点作直线与圆相切，对于三维空间中球与圆锥相切，有什么新的认知？

（2）对于两个球与截面相切，得到的两个切点和截面曲线做何猜想？

（3）如何利用球的切线，构造辅助线，证明你的猜想？

（4）如何证明平面截圆柱所得的截面曲线是椭圆呢？

在师生的配合与共同努力下，本课最后获得了精彩而深刻的探究成果．

本课的学习让听课的老师和同学们充分体会到章头课和阅读材料对深度教学的价值，也感受到了在章末上章头课的全新思路和良好的统整效果，这的确是对"知识与思维优化统整"的积极创新探索和经典课堂范式（本课实录详见第二章）．

我们再看一个跨了两本课本的章头课的课堂范式，即教材必修2、选修2-1的立体几何板块部分的思维统整实践的完整案例，来自工作室成员教师的实践与思考．

人教A版必修2不仅是章头，甚至书的封面都是正方体，教师认为可以从章头和封面的信息挖掘出本书中的重要思想，并迁移到教材选修2-1，于是有了下面的设计．

【课堂范式】

是谁支撑起了三维空间——从正方体谈起

在一次成都教师发展基地校（高中）培训中，教师展示了其中的一个研究成果，即从模型化的角度去讲解立体几何．这个思路的来源其实很朴实，即反复研读课本得到的启发，在新的人教A版必修2和选修2-1中，立体几何的这一章节和老教材相比，有很多的不同，其中一个明显特征就是在教材必修2中，每一节的开头都有"让我们看下面的长（正）方体模型""如图的长（正）方体模型中"等这样的话，再到教材选修2-1中，推广到了平行六面体模型，最后抽象到了由一点引出的三个不共线向量这样的"支架"模型（即三维空间的基底）．可以看出，课本的编排是将欧几里得三维空间的基本模型（基底）由具体模型慢慢推广抽象，即由正方体到长方体，再到平行六面体，最后抽象到"支架"模型．

基于此种考虑，教师构建了如下的课堂结构：让课堂"半翻转"起来．在按正常顺序上完立体几何的前提下，给同学们布置了一个任务，即是从正方体中，找出大家遇到过的一些典型问题或者几何体．到课堂上，以"PK寻宝"的方式将课堂的主阵地交给学生，教师起到提问、启发、承接、总结的作用．

整个课堂大概分了几个环节：

（1）教师先做示范，教师先以学生的身份自己完成了这个作业，并展示了他的成果，即教材选修 2—1 的 91 页例 2 与图中模型，教材必修 2 57 页例 2 与下图中的模型，然后还提到了它们的应用，用萝卜做成正方体模型，并让学生动手切割，通过实体感受这两个模型．

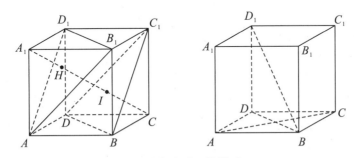

与课本紧密联系的模型

通过放进正方体，然后到实体触摸，有了"形象—抽象—形象"这样的过程，同学们立即来了兴趣，纷纷踊跃上台展示，得到很多课堂生成的结果，也就是这堂课的第二环节，整个课堂在这部分翻转过来，这是称为半翻转课堂的一个原因．

（2）下面是一些成果总结：教材必修 2 的 79 页 B 组 2，教材选修 2—1 的 111 页 A 组 1（2）出现的正四面体，这个几何体可以在正方体中找出（如下图）．教材必修 2 的 74 页 B 组 2 中的有公共底边的等腰三角形模型也可在正方体中找出（如图）．

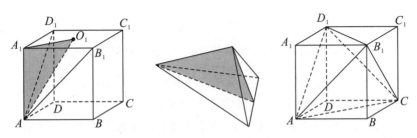

课本问题中出现的正四面体可以从正方体中找出

教材必修 2 的 69 页例 3、教材必修 2 的 69 页探究、教材选修 2—1 的 106 页例 2、教材选修 2—1 的 107 页练习 1、教材选修 2—1 的 111 页练习 1，教材选修 2−1 的 113 页 B 组 1 等，同学很踊跃，教师也不甘落后地时不时展示一个．

（3）最后在一片热闹中，教师向同学问了一个问题，课堂立即安静了下来，此时，课堂进入了第三部分．

教师的问题是："这么多模型为什么都可以从正方体中提炼出？"很快有同学用欧几里得三维空间解释了这个问题，并引入了这个问题和向量"支架"，以及空间直角坐标系的联系．看来，这个同学在课下认真地"备课"了，成功翻转扮演了教师的角色．

于是，教师决定扮演一个更出色的学生，接着问了一个反向思维的问题，即"那是不是所有的几何体都可以在正方体（只限于棱和面、体对角线）中找到，如果不是，那应该是什么体呢？"这个问题引起了争议和探讨，同学们没有马上找出答案．最后，通过引导，大家一致同意，应该是平行六面体，因为"支架"模型就是在这里找到的．也就是说，它是三维空间最基本的几何体，可以作为解决欧几里得空间立体几何所有几何体问题的基础模型．同时还找到了支架模型与首尾相连的四线段（四节棍）模型的联系（通过向量平移可实现联系，如下图）．这为解决教材选修 2−1 的 107 页练习 1、教材选修 2−1 的 111 页练习 1、教材选修 2−1 的 113 页 B 组 1 上几个难题提供了模型化的统一思路．

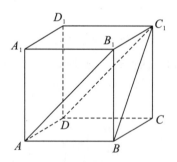

更一般的支架模型和首尾连接的四线段模型也可以从正方体找到

这样的课堂角度，这样的课堂发展，这样的课堂深化，收到了意想不到却又意料之中的效果．因为课下有同学说（原话摘录）："以前，老师让我们补形，像被动让我们记住的一个口令．而这节课后，我自己的补形意识好像被自己内心唤醒了一样．"

上面的案例是学科内的统整，这是"整合教学与整全育人"的底线，是"程学琴名师工作室"对"整全育人"的全面而深刻的思考和探索．

（一）学科内的整合是底线

数学教学中的整合教学与整全育人大有可为，它的第一个层次是学科内容的整合，学科知识与生活应用场景的整合．其实学科内的内容整合每个教师在教学中都在做（如专题总结、课本改编等），这是学科教学的底线，否则就会沦为"照本宣科"．而如果在这个基础上可以将学科知识与生活应用进行整合，让学科知识更有温度，而不是冰冷抽象的定理与公式，就更能激发学生对学科学习的探索热情．

（二）积极探索学科之间的整合

数学教学中的整合教学与整全育人的第二个层次是学科之间的整合，比如数学与理科的整合，数学与人文学科的整合，数学与艺术的整合．知识演绎中的特殊和一般，解析几何轨迹中的动与静，都是辩证的哲学道理．数学中的线性回归，物理中的磁通量感应定律，化学中的勒沙特列原理，生物中的顶端优势的解除手段，上升到哲学原理就是物极必反，月满必亏．

数学教学中的整合教学与整全育人的必要性与迫切性原因之一恰恰在于学科之间的不可分割，且学生渴望这种不可分割．

在当代教育理论著作《课程统整》中有这样的观点："学校之间有一种紧张关系，这种紧张，乃是居于师生关系中介地位的课程．终究言之，师生关系并不是来自一种随意或自愿的社会基础，他们是被安排在一起，共同做某些事情，这些事情就叫课程．如果课程充满了许多问题，那么师生关系就会陷入紧张．而问题就在于我们不断地以学科领域为核心来组织规划课程，我们有时误把按学科专家自身特长和旨趣划分的知识性学科当成教育的目的，而不是教育的手段和载体．"例如，学生跨学科整合的需求的补充例证．

（三）重点在育人，在整全育人

数学教学中的整合教学与整全育人的第三个层次是关注"人"的整全性，这个层次才真正更偏重"育人"．数学教学中的整合教学与整全育人的必要性与迫切性原因之二也就在于此，即我们的教育对象是"整全的人"．

首先是对跨学科知识的需求，学生对学科融合的渴求从同学们前面案例中的表现就得以充分体现．

其次是情感的需求，人的整全性告诉我们，学生并不是在相同的知识学习要求下没有感情的人，而是有个体差异的有感情的人．如果我们只有学科知识培训，没有注重学生个体的整全性，那对学生将失去多管齐下的有效教育．在数学教学中，有很多的育人素材，比如辩证思维建立、受挫激励、哲理感悟、探究欲与创新力激发、团队协作引领等．例如，学生对整全育人的需求包括知识，情感（成就感、信心、展示欲），探究协作，新鲜学习模式等．

（四）终极目标在国家和人类的发展

数学教学中的整合教学与整全育人的必要性与迫切性原因之三是国家和人类发展的需求．今天的全球背景，中国面临的局势，不必赘述．就以一颗小小的麒麟芯片为例，让我们"位卑未敢忘忧国"，应当肩负起教育人的责任，提高整合教学与整全育人的责任感和自觉性．特别是作为名校，集中了下一代中很高比例的"（科技）精英"，可以毫不夸张地说，我们的教育理念直接影响着国家的未来．因此，我认为名校教师的一个标志就是教学中应该有整全育人的自觉性，不能只做没有温度的学科题目培训师．

以上内容是对工作室在探究学科统整、渗透整全育人等方面做的探索实践进行的一次总结与升华，只有在大量务实工作的基础上，才能得到这样的总结与升华．

第三节　学科素养的渗透培育
——以例题习题课教学为例

深度学习和核心素养关系密切，"程学琴名师工作室"在这两方面的结合上做了很多探索．更重要的是，在平时的常态课教学中，工作室成员逐渐形成了渗透核心素养、促进深度学习的意识．而常态课中，例题习题课占了很大的比例，且大家对这部分教学有一种普遍误区，就是将它和核心素养分割开来．实际上，这部分教学才是渗透核心素养、促进深度学习的主阵地．

我们先看工作室教师在这个方面的实践和思考．

【课堂范式】

再现椭圆定义

高考中对椭圆的定义考查是一种常态，特别是小题（选填题）的考查更为凸出．现行教材对椭圆的定义我们称为第一定义，实质上第二、第三定义在我们的教材例题及练习与高考试题中也经常以不记名的方式呈现.

一、考题再现

（2018 年全国卷Ⅲ理 20 题）已知斜率为 k 的直线 l 与椭圆 C：$\dfrac{x^2}{4}+\dfrac{y^2}{3}=1$ 交于 A，B 两点，线段 AB 的中点为 $M(1,m)(m>0)$.

（1）证明：$k<-\dfrac{1}{2}$；

（2）设 F 为 C 的右焦点，P 为 C 上一点，且 $\overrightarrow{FP}+\overrightarrow{FA}+\overrightarrow{FB}=\mathbf{0}$，证明：$|\overrightarrow{FA}|$，$|\overrightarrow{FP}|$，$|\overrightarrow{FB}|$ 成等差数列，并求该数列的公差.

（一）问题分析

本题第（1）问考查直线与椭圆的位置关系，涉及直线斜率与弦中点，考生很容易想到设直线方程，将直线与椭圆方程联立，先运用韦达定理写出中点坐标，再利用中点在椭圆内部求解斜率范围，更一般的方法应该是运用设而不求的思想，用"点差法"解决中点弦这一类问题；第（2）问思维难度较大，要求考生对 $\overrightarrow{FP}+\overrightarrow{FA}+\overrightarrow{FB}=\mathbf{0}$ 正确理解并合理转化，可以理解为三角形的重心，也可以直接先将坐标代入求解出 m 的值，再利用相关知识求解出相应距离，证明等差数列，并求出相应公差. 如何计算出 $|\overrightarrow{FA}|$，$|\overrightarrow{FP}|$，$|\overrightarrow{FB}|$ 的长度是难点，考生未能突破这一难点，究其原因在于对椭圆定义、焦半径理解掌握不到位，不能有效运用椭圆定义解决相关问题.

（二）解法呈现

解析：（1）设 $A(x_1,y_1)$，$B(x_2,y_2)$，则 $\dfrac{x_1^2}{4}+\dfrac{y_1^2}{3}=1,\dfrac{x_2^2}{4}+\dfrac{y_2^2}{3}=1$.

两式相减，并由 $\dfrac{y_1-y_2}{x_1-x_2}=k$ 得 $\dfrac{x_1+x_2}{4}+\dfrac{y_1+y_2}{3}\cdot k=0$.

由题设知 $\dfrac{x_1+x_2}{2}=1$，$\dfrac{y_1+y_2}{2}=m$，于是 $k=-\dfrac{3}{4m}$ ①.

由题设得 $0<m<\dfrac{3}{2}$，故 $k<-\dfrac{1}{2}$.

（2）由题意得 $F(1,0)$，设 $P(x_3,y_3)$，则

$(x_3-1,y_3)+(x_1-1,y_1)+(x_2-1,y_2)=(0,0)$.

由（1）及题设得 $x_3=3-(x_1-x_2)=1,y_3=-(y_1+y_2)=-2m<0$.

又点 P 在 C 上，所以 $m=\dfrac{3}{4}$，从而 $P\left(1,-\dfrac{3}{2}\right)$，$|\overrightarrow{FP}|=\dfrac{3}{2}$.

于是 $|\overrightarrow{FA}|=\sqrt{(x_1-1)^2+y_1^2}=\sqrt{(x_1-1)^2+3\left(1-\dfrac{x_1^2}{4}\right)}=2-\dfrac{x_1}{2}$.

同理 $|\overrightarrow{FB}|=2-\dfrac{x_2}{2}$. 所以 $|\overrightarrow{FA}|+|\overrightarrow{FB}|=4-\dfrac{1}{2}(x_1+x_2)=3$. 故 $2|\overrightarrow{FP}|=|\overrightarrow{FA}|+|\overrightarrow{FB}|$, 即 $|\overrightarrow{FA}|$, $|\overrightarrow{FP}|$, $|\overrightarrow{FB}|$ 成等差数列.

设该数列的公差为 d, 则 $2|d|=\left||\overrightarrow{FB}|-|\overrightarrow{FA}|\right|=\dfrac{1}{2}|x_1-x_2|=\dfrac{1}{2}\sqrt{(x_1+x_2)^2-4x_1x_2}$②. 将 $m=\dfrac{3}{4}$ 代入①得 $k=-1$. 所以 l 的方程为 $y=-x+\dfrac{7}{4}$, 代入 C 的方程, 并整理得 $7x^2-14x+\dfrac{1}{4}=0$. 故 $x_1+x_2=2$, $x_1x_2=\dfrac{1}{28}$, 代入②解得 $|d|=\dfrac{3\sqrt{21}}{28}$. 所以该数列的公差为 $\dfrac{3\sqrt{21}}{28}$ 或 $-\dfrac{3\sqrt{21}}{28}$.

（三）相关题型

（2019 年全国卷Ⅱ理 21 题）已知点 $A(-2,0)$, $B(2,0)$, 动点 $M(x,y)$ 满足直线 AM 与 BM 斜率之积为 $-\dfrac{1}{2}$, 记 M 点轨迹为 C.

（1）求 C 的方程, 并说明 C 是什么曲线；（2）略.

解：由题设可知 $\dfrac{y}{x+2}\cdot\dfrac{y}{x-2}=-\dfrac{1}{2}$, 化简得 $\dfrac{x^2}{4}+\dfrac{y^2}{2}=1(y\neq 0)$, 即轨迹 C 为中心在坐标原点, 焦点在 x 轴上的椭圆, 不含左右顶点.

二、追本溯源

2018 年全国卷Ⅲ理 20 题第（2）问考后引发了很大的争议, 即对于 $|\overrightarrow{FA}|$, $|\overrightarrow{FP}|$, $|\overrightarrow{FB}|$ 的求解, 很多考生、教师、教研员认为考查超出考纲, 特别是焦半径的考查应该用第二定义. 2019 年全国卷Ⅱ理 21 题有人提出是考查椭圆的第三定义, 那么椭圆的第二定义、第三定义是什么？椭圆有哪些定义？在我们的现行教材中是否有所呈现？下面我们来回归教材, 重新梳理一下椭圆的定义.

（一）椭圆的第一定义

平面内与两个定点 F_1, F_2 的距离之和等于常数（常数大于 $|F_1F_2|$）的点的轨迹叫作椭圆（ellipse）. 这两个定点叫作椭圆的焦点, 两焦点间的距离叫作椭圆的焦距. 这是现行教材人教 A 版选修 2—1 中对椭圆的定义, 通常我们也称为椭圆的第一定义.

根据坐标求轨迹方程, 我们设 $F_1(-c,0)$, $F_2(c,0)$, 动点 $P(x,y)$, 并且记距离之和的常数为 $2a(a>c)$, 于是由定义可得 $|PF_1|+|PF_2|=2a$, 代入即得 $\sqrt{(x+c)^2+y^2}+\sqrt{(x-c)^2+y^2}=2a$,

移项得 $\sqrt{(x+c)^2+y^2}=2a-\sqrt{(x-c)^2+y^2}$,

两边平方可得 $a^2-cx=a\sqrt{(x-c)^2+y^2}$,

两边再次平方可得 $a^2y^2+(a^2-c^2)x^2=a^2(a^2-c^2)$,

两边同时除以 $a^2(a^2-c^2)$, 即可得 $\dfrac{x^2}{a^2}+\dfrac{y^2}{a^2-c^2}=1$,

令 $b^2=a^2-c^2$, 即得到椭圆的标准方程 $\dfrac{x^2}{a^2}+\dfrac{y^2}{b^2}=1$.

（二）椭圆的第二定义

平面上到定点距离与到定直线间距离之比为常数的点的集合（定点不在定直线上, 该常数为小于 1 的正数）, 该定点称为椭圆的焦点, 该直线称为椭圆相应焦点的准线.

这一定义又称为圆锥曲线的统一定义, 在我们现行教材人教 A 版选修 2−1 中没有提出来, 但有所呈现.

人教 A 版选修 2−1 教材 47 页例 6：点 $M(x,y)$ 与定点 $F(4,0)$ 的距离和它到直线 $l:x=\dfrac{25}{4}$ 的距离比是常数 $\dfrac{4}{5}$, 求点 M 轨迹.

解析：设 d 是点 M 到直线 $l:x=\dfrac{25}{4}$ 的距离, 根据题意, 点 M 的轨迹即是集合 $P=\left\{M\,\middle|\,\dfrac{|MF|}{d}=\dfrac{4}{5}\right\}$, 由此可得 $\dfrac{\sqrt{(x-4)^2+y^2}}{\left|\dfrac{25}{4}-x\right|}=\dfrac{4}{5}$, 将上式两边平方化简得 $9x^2+25y^2=225$, 即 $\dfrac{x^2}{25}+\dfrac{y^2}{9}=1$.

所以, 点 M 的轨迹是长轴、短轴分别为 10, 6 的椭圆.

（三）椭圆的第三定义

平面内的动点到两定点 $A_1(-a,0),A_2(a,0)$ 的斜率乘积等于常数 e^2-1 的点的轨迹叫作椭圆.

这一定义也出现在现行教材人教 A 版选修 2−1 中, 同样是没有直接提出来, 但有所呈现.

人教 A 版选修 2−1 教材 41 页例 3：设 A,B 两点的坐标为 $(-5,0)$, $(5,0)$, 直线 AM,BM 相交于点 M, 且它们的斜率之积为 $-\dfrac{4}{9}$, 求点 M 轨迹方程.

解析：设点 $M(x,y)$, $\because$ $(-5,0),(5,0)$, $\therefore k_{AM}=\dfrac{y}{x+5}(x\neq-5),k_{BM}=$

$\dfrac{y}{x-5}(x \neq 5)$.

由已知 $\dfrac{y}{x+5} \times \dfrac{y}{x-5} = -\dfrac{4}{9}(x \neq \pm 5)$, 化简可得点 M 轨迹方程为 $\dfrac{x^2}{25} +$ $\dfrac{y^2}{\frac{100}{9}} = 1(x \neq \pm 5)$.

（四）椭圆第二定义、第三定义的追本溯源

现行教材对椭圆的定义仅仅以第一定义的形式出现, 第二定义、第三定义并没有给出正式定义, 只是在教材例题中有所呈现. 那么这三个定义之间是否有着必然的联系与完全的统一呢? 让我们再从第一定义推导标准方程中去认真探究.

我们再看一下 2.1 (1) 式 $a^2 - cx = a\sqrt{(x-c)^2 + y^2}$ 中, 若两边同时除以 a, 即可得到 $a - \dfrac{c}{a}x = \sqrt{(x-c)^2 + y^2}$ (3), 再次变形为 $\dfrac{c}{a}(\dfrac{a^2}{c} - x) = \sqrt{(x-c)^2 + y^2}$, 即 $\dfrac{\sqrt{(x-c)^2 + y^2}}{\frac{a^2}{c} - x} = \dfrac{c}{a}$, 这一式子即为第二定义 (平面上到定点距离与到定直线间距离之比为常数的点的集合). 同时 (3) 式即为椭圆的右焦半径公式 $|PF_2| = a - ex$, 同理可得左焦半径公式 $|PF_1| = a + ex$.

我们再看一下 2.1 (2) 式 $a^2 y^2 + (a^2 - c^2)x^2 = a^2(a^2 - c^2)$,

移项可得 $a^2 y^2 = (a^2 - x^2)(a^2 - c^2)$, 变形得 $\dfrac{y^2}{a^2 - x^2} = \dfrac{a^2 - c^2}{a^2}(x \neq \pm a)$,

即为 $\dfrac{y}{x-a} \times \dfrac{y}{x+a} = (\dfrac{c}{a})^2 - 1(x \neq \pm a)$, 即 $k_{PA_1} \cdot k_{PA_2} = e^2 - 1$.

这即为椭圆的第三定义: 平面内的动点到两定点 $A_1(-a, 0), A_2(a, 0)$ 的斜率乘积等于常数 $e^2 - 1$ 的点的轨迹叫作椭圆.

三、迁移延伸

设 $A_1(x_1, y_1), A_2(x_2, y_2)$ 为椭圆 C 上关于原点对称的任意两点, 任取椭圆 C 上一点 $M(x, y)$, 若 k_{MA_1}, k_{MA_2} 均存在, 则 $k_{MA_1} \cdot k_{MA_2} = e^2 - 1$ 为定值.

分析: $\because A_1, A_2$ 关于原点对称, $\therefore x_1 = -x_2, y_1 = -y_2$,

设椭圆方程为 $\dfrac{x^2}{a^2} + \dfrac{y^2}{b^2} = 1(a > b > 0)$, 又 $\because A_1(x_1, y_1), M(x, y)$ 在椭圆上,

$\therefore \dfrac{x^2}{a^2} + \dfrac{y^2}{b^2} = 1$ 且 $\dfrac{x_1^2}{a^2} + \dfrac{y_1^2}{b^2} = 1$，两式相减得 $\dfrac{y-y_1}{x-x_1} \times \dfrac{y-y_2}{x-x_2} = -\dfrac{b^2}{a^2} = e^2$ -1，得证.

显然椭圆第三定义实质上是这一延伸结论的特例.

四、拓展应用

（一）如图，在椭圆 $\dfrac{x^2}{a^2} + \dfrac{y^2}{b^2} = 1(a>b>0)$，$A_1$，$A_2$ 为长轴的顶点，F_1，F_2 为其左右焦点，P 为椭圆上一动点，且不与 A_1 和 A_2 重合. 求证：当 P 为椭圆短轴上的顶点时，$\angle F_1PF_2$ 最大.

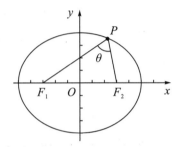

解析一：解析几何问题中求解三角形角度的最值，我们应选取这一角的某一三角函数值求解，由于正弦函数在 $(0, \pi)$ 内不单调，而余弦函数严格单调递减. 记 $\angle F_1PF_2 = \theta$，于是我们求解 θ 的余弦值.

$\cos\theta = \dfrac{|PF_1|^2 + |PF_2|^2 - |F_1F_2|^2}{2|PF_1||PF_2|}$，由椭圆的第一定义可知 $|PF_1| + |PF_2| = 2a$，

$\therefore \cos\theta = \dfrac{(|PF_1| + |PF_2|)^2 - |F_1F_2|^2 - 2|PF_1||PF_2|}{2|PF_1||PF_2|} =$ $\dfrac{2a^2 - 2c^2 - |PF_1||PF_2|}{|PF_1||PF_2|} = \dfrac{2b^2}{|PF_1||PF_2|} - 1$，

又 $\because |PF_1||PF_2| \leqslant (\dfrac{|PF_1| + |PF_2|}{2})^2 = a^2$，$\therefore \cos\theta \geqslant \dfrac{2b^2}{a^2} - 1$.

即当 $|PF_1| = |PF_2|$ 时，$\cos\theta$ 取得最大值，θ 取得最小值，得证.

解析二：接解析一 $\cos\theta = \dfrac{|PF_1|^2 + |PF_2|^2 - |F_1F_2|^2}{2|PF_1||PF_2|}$，在 2.4 节中根据椭圆第二定义我们得到了椭圆的右焦半径公式 $|PF_2| = a - ex$，同理可得左焦半径公式 $|PF_1| = a + ex$.

$\therefore \cos\theta = \dfrac{(a+ex)^2 + (a-ex)^2 - 4c^2}{2(a+ex)(a-ex)} = \dfrac{a^2 + e^2x^2 - 2c^2}{a^2 - e^2x^2} = -1 +$

$\dfrac{2a^2-2c^2}{a^2-e^2x^2}=-1+\dfrac{2b^2}{a^2-e^2x^2}$. 根据题意，当 $x=0$，即 P 为短轴上的顶点时，$\cos\theta$ 取得最大值，θ 取得最小值，得证.

解析三：本问题还可运用椭圆焦点三角形的面积公式求证.

即 $S_{\triangle PF_1F_2}=c\cdot|y_P|=\dfrac{1}{2}|PF_1||PF_2|\cdot\sin\theta=b^2\cdot\tan\dfrac{\theta}{2}=(a+c)\cdot$

r（r 表示 $\triangle PF_1F_2$ 内切圆半径）. 若 θ 最大，则 $\dfrac{\theta}{2}$ 最大，则 $\tan\dfrac{\theta}{2}$ 最大，则 S 最大，所以 $|y_P|$ 最大，即 P 应为椭圆在短轴上的顶点.

（二）如图，在椭圆 $\dfrac{x^2}{a^2}+\dfrac{y^2}{b^2}=1(a>b>0)$ 上，A_1,A_2 为 x 轴的顶点，F_1,F_2 为其左右焦点，P 为椭圆上一动点，且不与 A_1 和 A_2 重合. 求证：当 P 为短轴上的顶点时，$\angle A_1PA_2$ 最大.

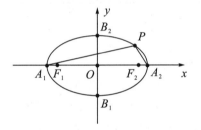

解析：本问题若继续采用 4.1 节的解析方法，显然非常困难. 我们注意到椭圆第三定义中有 $k_{PA_1}\cdot k_{PA_2}=e^2-1$.

于是如图，不妨设 $\angle PA_1A_2=\alpha,\angle PA_2A_1=\beta,\angle A_1PA_2=\theta$，则 $\theta=\pi-(\alpha+\beta)$，根据定义可知 $\tan\alpha\cdot\tan\beta=\dfrac{b^2}{a^2}$，要求 θ 最大，则 $\alpha+\beta$ 应最小，则 $\tan(\alpha+\beta)$ 应最小.

$$\tan(\alpha+\beta)=\dfrac{\tan\alpha+\tan\beta}{1-\tan\alpha\cdot\tan\beta}=\dfrac{\tan\alpha+\tan\beta}{1-\dfrac{b^2}{a^2}}\geqslant\dfrac{2\sqrt{\tan\alpha\cdot\tan\beta}}{\dfrac{c^2}{a^2}}=\dfrac{\dfrac{2b}{a}}{\dfrac{c^2}{a^2}}=$$

$\dfrac{2ab}{c^2}$，取等号条件为 $\tan\alpha=\tan\beta$，即 P 为椭圆在短轴上的顶点，得证.

椭圆三个定义相互依存，相互联系，对椭圆三个定义的再现过程实质上就是学习解析几何用坐标来理解图形，对其相互联系的呈现既有解析几何运算的处理，也有转化与化归、数形结合等数学思想方法的体现，更重要的是在定义的推导、联系、运用、延伸、拓展中对数学抽象、逻辑推理、数据处理、数学运算等核心素养的渗透和落实.

在上面的课堂案例中,工作室教师首先将数学教学目标转化为问题,以高考真题导入,以第三定义的层层深入为主线,问题紧扣本节课的教学目标,以恰到好处的时机、难度与提出方式,提出具有思考深度,适合学生与教材的具有探究性的问题进行课堂导学.

然后,课中结合教材与学生情况进行分层提问并重视合作探究. 根据学生对知识的理解与吸收进行提问,避免问题难度过高挫伤学习积极性,或难度过低没有挑战性降低学生的成就感. 分层提问的重要性在于,由浅入深、一步步地引导学生建立起对知识的学习自信心,并在问题的逐步引导中让学生不知不觉间实现对知识体系的完整掌握.

最后,在问题中穿插变式教学. 高中数学知识要通过"练"来掌握,只要训练量足够,让学生打好基础、掌握解决问题的常规能力,无疑是一种有效的方法,但这种做法学生需要花更多的时间去完成一定数量的题目,从而造成学生负担过重,产生思维定势. 对优秀学生来说,大量重复的练习不仅会耗费大量的学习时间,又不容易发展数学思维,而且容易造成数学厌倦,所以我们必须采取课堂教学变革,针对一个知识点,并围绕这个知识点进行变式的问题教学. 变式设计问题与知识点紧密相关,通过变式的问题教学,揭示知识点背后演绎的数学思想方法,从而达成知识点教学目标的实现.

"乐学善学,勤于反思"是教育部颁布的核心素养的内容,它体现在例题习题课的教学中就是对错题的梳理,以及梳理后的深刻领会. 下面我们再看看工作室教师在这方面的实践和思考.

【课堂范式】

几道易错概率型题的教学启示

概率与实际应用密切相关,概率型题在高考中属基础题,能力层次为 A 和 B,但稍不留心就会出错. 笔者就概率教学过程中的一些问题与大家探讨,达到共同提高有效教学的目的.

一、测度的理解与辨析

(一)几何概型的定义

如果每个事件发生的概率只与构成该事件区域的长度(面积或体积)成比例,则称这样的概率模型为几何概率模型,简称几何概型. ——人教 A 版《数学必修 3》.

设 D 是一个度量区域（例如线段、平面图形、立体图形等），每个基本事件可视为从区域 D 内随机地取一点，区域 D 内的每一点被取到的机会都一样，随机事件 A 的发生可视为恰好取到区域 D 内的某个指定区域 d 中的点。这时，事件 A 发生的概率与 d 的测度（长度、面积、体积等）成正比，与 d 的形状和位置无关。我们把满足这样条件的概率模型称为几何概型——苏教版《数学 3》。

（二）定义解读

两种教科书上虽然对几何概型的定义描述的角度不相同，但从内容上说人教版中"长度"意义的外延就是"测度"，不单指长度，还指面积、体积等，那么怎么理解"测度"在几何概型中的具体所指，我们来看看两道非常相似的题目。

（三）易错题比较

1. 题目对比

例1　如图，在等腰 Rt$\triangle ABC$ 中，在斜边 AB 上任取一点 M，求 AM 小于 AC 的概率。

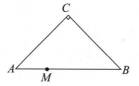

例2　如图，在等腰 Rt$\triangle ABC$ 中，过直角顶点 C 在 $\angle ACB$ 内部任作一条射线 CM，与线段 AB 交于点 M，求 AM 小于 AC 的概率。

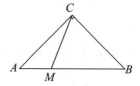

2. 调查结果

当堂对理科实验班学生用何种方法解决这两道题作了统计，如下表：

题目 ＼ 方法	长度之比 $\frac{\sqrt{2}}{2}$	角度之比 $\frac{3}{4}$	其他：面积或弧长
例1	92%	0%	8%
例2	45%	41%	14%

问题提出来以后，同学们都产生了疑问，该如何选择测度，为什么会有不一样的结果？

（四）再次理解测度的意义

几何概型是"等可能"概率模型，选择何种测度即是由题干中的等可能性确定的．例1中线段上取点是等可能的，所以用长度之比得到概率为$\frac{\sqrt{2}}{2}$，也可以转化为三角形的面积之比．例2中的射线与AB的交点是由角度的变化来引起交点的变化的，所以从长度上来讲不是等可能的，不能用线段之比来转化，但可以用弧长之比来转化，即$\frac{\overset{\frown}{AC'}}{\overset{\frown}{AB}}=\frac{3}{4}$．探究其深层次的原因，如图，当$Q$为$\overset{\frown}{AN}$中点时，$\triangle ACP \cong \triangle NCP$，$P$并非线段$AM$的中点，即点$Q$从$A$到$N$的等可能变化过程中对应的$M$点在$AB$中与$A$点的距离非等可能变化．

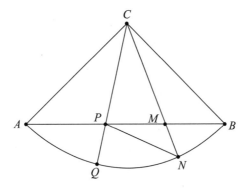

（五）启示与思考

定测度，一定要从"等可能性"入手，当等可能的角度不同时，其概率也是不一样的，转换测度也必须是等可能的等价转换．对习题进行对比和挖掘，才能更深刻地准确理解定义，回归教材．

二、古典概型中样本空间的认识、理解

（一）古典概型的定义

人教A版《数学必修3》中对古典概型这样描述：①试验中所有可能出现的基本事件只有有限个；②每个基本事件出现的可能性相等．我们将具有这两个特点的概率模型称为古典概率模型．

要做好古典概型的题目，一定要明确基本事件是什么，即样本空间是什么．

（二）问题呈现

把一根长度为 6 的铁丝截成 3 段，若 3 段的长度均为整数，求能构成三角形的概率.

由基本事件不同产生了争议. 观点一：基本事件有 3 种情况 $(1, 1, 4)$，$(1, 2, 3)$，$(2, 2, 2)$，能构成三角形的情况只有一种，即 $(2, 2, 2)$，故概率为 $\frac{1}{3}$. 观点二：能截成整数长度有 $(1, 1, 4)$，$(1, 4, 1)$，$(4, 1, 1)$，$(1, 2, 3)$，$(1, 3, 2)$，$(2, 1, 3)$，$(2, 3, 1)$，$(3, 1, 2)$，$(3, 2, 1)$，$(2, 2, 2)$，共 10 种情况，能构成三角形的情况只有一种，即 $(2, 2, 2)$，故概率为 $\frac{1}{10}$.

（三）投石问路——成因分析

其主要原因是：试验中的基本事件是"把一根长度为 6 的铁丝截成 3 段，且 3 段的长度均为整数"，那么，这三段铁丝是有序还是无序？

持观点一的同学认为：①根本没有想到序的问题；②类比分组问题，此题没有编号，所以不定序；③截成 $(1, 1, 4)$ 和 $(1, 4, 1)$ 的三段都是同一个结果.

持观点二的同学认为：①每段为 2 和 1，1，4 发生的可能性是不同的，前者只有一种可能，后者的所有可能有 $(1, 1, 4)$，$(1, 4, 1)$，$(4, 1, 1)$，虽然结果相同，但是过程不同；②排列组合的观点：看作 6 个单位长度的线段，中间 5 个点，截成 3 段，即选取其中 2 个点，共有 C_5^2 种选法.

通过同学们的层层辨析，逐渐转向共识，即虽然题目叙述上无明显的编号，但我们不能仅看结果，因为截成 $(1, 1, 4)$ 和 $(2, 2, 2)$ 的可能性是不同的. 以排列组合的观点，中间 5 个点来分析，截成 $(1, 1, 4)$ 结果的，可以选点①②，或选点④⑤，或选点①⑤；而截成 $(2, 2, 2)$ 只能选择点②④.

（四）启示与思考

"细微之处方较高下"，也教会我们辩证地思考问题，从最基本的问题入手，强化概念理解. 另外，我们认为，此题出自模拟题，正式的高考题、诊断题并未入选，若能从题干处详细描述，考生更能准确理解. 不妨将题设这样改"一段长为 6 的铁丝 PQ，截成三段，如图，需要插入两个点 A 和 B，并使这三段均是整数，求铁丝 PA，AB，BQ 能构成三角形的概率".

$$P \text{———} \overset{A}{\bullet} \text{———} \overset{B}{\bullet} \text{———} Q$$

三、概率模型的理解及合理选择

有这样一道概率题：掷一枚质地不均匀的骰子 100 次，记录向上的点数，出现 1，2，3，4，5，6 的次数分别为 9，19，19，22，19，12. 以这 100 次抛掷所记录的各点数出现的频率作为各点数出现的概率.

(1) 连续两次抛掷这枚质地不均匀的骰子，求"向上的点数之和超过 3"的概率.

(2) 使用这枚质地不均匀的骰子进行多次重复抛掷试验，将向上的点数之和记为 A；再使用一枚质地均匀的骰子进行相同次数的重复抛掷试验，将向上的点数之和记为 B. 判断"$A<B$"与"$A>B$"的可能性哪个更大，并说明原因.

（一）问题呈现

(1) 中出现的问题就是当成无序处理，这部分同学在老师指出后，都能及时纠正.

(2) 中部分学生的做法：在一次试验中，第一枚骰子向上点数为 A，第二枚骰子向上点数为 B.

$P(A>B) = P(2>1) + P(3>2) + P(3>1) + P(4>3) + P(4>2) + P(4>1) + P(5>4) + P(5>3) + P(5>2) + P(5>1) + P(6>5) + P(6>4) + P(6>3) + P(6>2) + P(6>1) = 0.4317$

$P(A<B) = P(1<2) + P(1<3) + P(1<4) + P(1<5) + P(1<6) + P(2<3) + P(2<4) + P(2<5) + P(2<6) + P(3<4) + P(3<5) + P(3<6) + P(4<5) + P(4<6) + P(5<6) = 0.4017.$

由 $P(A>B) > P(A<B)$，故，"$A>B$"的可能性更大.

标准解法：设抛掷这枚质地不均匀的骰子出现向上的点数为 X_1，则 X_1 的分布列如下：

X_1	1	2	3	4	5	6
$P(X_1)$	0.09	0.19	0.19	0.22	0.19	0.12

向上点数 X_1 的均值为：

$E(X_1) = 1 \times 0.09 + 2 \times 0.19 + 4 \times 0.22 + 5 \times 0.19 + 6 \times 0.12 = 3.59.$

设抛掷一枚质地均匀的骰子出现向上的点数为 X_2，则 X_2 的分布列如下：

X_2	1	2	3	4	5	6
$P(X_2)$	$\dfrac{1}{6}$	$\dfrac{1}{6}$	$\dfrac{1}{6}$	$\dfrac{1}{6}$	$\dfrac{1}{6}$	$\dfrac{1}{6}$

向上点数 X_2 的均值 $E(X_2) = \dfrac{1}{6} \times (1+2+3+4+5+6) = 3.5$.

由 $E(X_1) > E(X_2)$，故 "$A > B$" 的可能性更大.

（二）学生辩驳，课堂情境再现

这就提出了这样的问题：本题是用概率解决问题性大小，还是用期望来比较呢？同学们分别就两种观点发表自己的看法.

甲同学：标答可以补充解释为：设有 n 次独立重复试验，则 $A = nE(X_1) = 3.59n$，$B = nE(X_2) = 3.5n$，$A > B$，所以无论 n 取何值，都有 $A > B$ 的可能性更大. 而第一种方法中用概率计算只限于 $n=1$ 时的情形，当 $n=2$ 时，情况将比 $n=1$ 复杂得多，且也无法一一计算出 $n \in \mathbf{N}^*$ 的所有情况.

乙同学：此题若定了 n 的取值，如 $n=2$，则两种做法均可.

听了以上两位同学的发言，同学们豁然开朗，笔者也觉得借学生之口说出了教师想要总结归纳的内容，很是满意. 但是，我们又听到了不同的声音.

丙同学：第一种做法可行. 因为是独立重复试验，当 $n=1$ 时，有 $P(A > B) > P(A < B)$，那么 n 的次数越多，结论越应该成立. 虽然不是等价转化，但是 $n=1$ 时成立能推导出 $n=2$，$n=3$，直至 $n \in \mathbf{N}^*$ 成立.

真是"一石激起千层浪"，同学们也积极参与讨论，有不少同学也赞同丙同学的说法.

甲同学：当 n 发生变化时，概率的计算方式也会发生大的变化，所以不能用 $n=1$ 的概率推测 $n=2$ 的概率大小.

师：能否详细阐述？

甲同学：以 $n=2$ 为例，当计算 $P(3<4) = P(1+2<2+2) + P(2+1<2+2) + P(1+2<1+3) + P(1+2<3+1) + P(2+1<1+3) + P(2+1<3+1)$，其中会出现第一次 $2:1$，第二次 $1:3$ 的情况，仅从单次来看既有 $A > B$，也有 $A < B$ 的情形，但最终还是 $A < B$ 成立.

师：能再探究其深层次的原因吗？

乙同学：A、B 指点数之和，而不是 $n=1$ 时的简单叠加. 当 $n=2$ 时，$A < B$ 成立，就每一次而言，可能出现 $A = B$，$A < B$ 或 $A > B$. 计算概率的基本事件已经发生了变化，所以此题不再适用于概率来比较大小，而应该用期望算得每次的均值，再做比较.

到此，已是掌声四起.

（三）启示与思考

"数学教学是数学活动的教学，而不仅是数学活动的结果."这一场辩驳让师生都受益匪浅. 只有当学生自主地参加数学活动，在活动中不断经历正确与错误交替出现的体验，形成正反两方面的活动经验，才能提高感悟数学的水平. 让学生不断经历从"假无疑"到"真无疑"的过程，这样才能纠正错误的观念，形成正确认识.

最后，笔者在概率教学中常发现学生具有较多的错误观念，学生头脑中有关概率的认识大都来自个体的一些直觉、不成熟的经验，所以在教学中，要精选案例，恰当地运用如对比辨析法、反例纠错法、合作交流法等教学策略来转变错误观念.

以上案例，工作室教师从不同的教材定义对比分析入手，体现了数学的严谨性，不仅精心设计了易错对比的问题，还统计了学生的作答情况，并加以大数据分析，精准施教. 此外，从学生的讨论和反馈中设置适当的针对性练习，归纳出判断模型，有效地解决了这个易错点. 这是促进深度学习的例题习题课教学中经典的教学范式.

第四节　做中学，做中教
——以综合实践课教学为例

《基础教育课程改革纲要（试行）》提出了转变学生学习方式的任务，并把它作为新一轮课程改革的重点之一，提倡自主探究与合作学习，让学生的学习方式发生实质性的转变，这其实也直接促进了深度学习.

如何让学生不再被动接受知识，从学习的"听众"转化为教学过程中的主体"参与者"，从而让学生的学习方式发生改变，真正地渗透数学学科核心素养呢？"程学琴名师工作室"以"做中学，做中教"为切入口，在这方面做了很多尝试.

这其中，有工作室成员在常态课中自发引导学生实践和感知意识. 例如在椭圆定义的教学中，课前可要求学生每人准备一块纸板、一条细绳、两枚图钉，课堂上让学生自己动手画椭圆，学生人人参与，面对自己画出的椭圆，品尝到了实践成功的喜悦. 在立体几何教学中，让同学们自己制作正多面体，并探究证明正多面体的种类等.

也有为此专门做的探究课例，我们分别从几个不同的侧重点列举.

一、在教学中渗透"实践应用意识"的思考

本书第一章第一节中提到："深度教学要以'创新与实践'为解决问题的主要抓手."目前，部分学生认为学习数学除了在考试中获取分数就很少有其他作用，学生觉得数学学习枯燥乏味，难学难考，是他们学习路上的绊脚石.这些现象值得我们一线教师深思，我们应该在日常的数学教学活动中合理渗透数学的实践应用意识，让学生理解数学，热爱数学，好学数学，提高学生的数学能力，提升学生的数学核心素养，促进他们的可持续发展.

（一）数学教学中渗透数学实践应用意识是培养"核心素养"的一个体现

要实现"核心素养"落地的育人目标，学校、教师肩负的责任是最大的.学的目的就是用，如果我们只是纯粹地讲数学知识和训练学生的解题能力，在数学解题上"深挖洞"，不培育学生的应用意识，学生学习的数学知识就不能在他们头脑深处扎根，学生在考试以后就会很快忘记学过的具体数学知识，这显然达不到卓越教育所追求的目标.如果我们在平时的数学教学过程中注重数学实践应用意识的渗透，时时刻刻都注意对学生进行应用意识的培养，这必然会促进学生实践能力的提高.在学会应用与实践的过程中，学生们的创新潜能就会得到挖掘，因为你想进行实践，必然就会努力思考很多问题，而问题又是创新的源泉和动力.每个人的潜能都是一点一滴地挖掘出来的，是一个长期积累的过程.

总之，"核心素养"不是空口号，为了这个目标，我们要从多方面入手，在数学教学的过程中，合理地进行实践应用意识的渗透是体现深度教学的内容之一.

（二）数学教学中渗透数学实践应用意识应当引导和鼓励学生参与

学生是学习的主体，只有尽可能地让学生自己动手动脑，才能让学生学得心服口服，印象更加深刻.比如，在学习双曲线部分的内容时，先安排学生学习教材中关于双曲线的定义、几何性质的内容，然后了解双曲线在实际生活中的应用.关于双曲线的应用，我们可以这样设计：先学习教材上的一个与双曲

线应用有关的例题——已知两地相距 800 m，一炮弹在某处爆炸时，测得在 A 处听到爆炸声的时间比在 B 处晚 2 s，并且此时测得声速为 340 m/s，试问爆炸点应该在什么样的曲线上？请建立适当的坐标系，求该曲线的方程．这是一个比较简单的数学应用题，大多数学生都能解决．

接下来，引导学生思考怎样确定爆炸点的具体位置．诚然，学生按照以往教师讲解的方法解决问题并不是很困难，但是要让他们自己想方案解决一个具体问题就不是很容易了．所以在这个问题提出来之后，大多数学生都不知所措．这里的一个突破口就是要知道数学中确定一个点一般用到的方法：求曲线的交点．如果学生有这样一个意识，就比较容易分析出后面要做的事情．然而，这个突破口很多学生都找不到，导致问题解决不了．当然这个突破口找不到的一个原因就是在学习直线与圆时，对交点相关内容没有引起重视，或者说当时没有思考求交点的意义，只知道机械地解方程组求给定曲线的交点坐标，忽视了数学中为什么会有这样一个内容，也就是说，没有思考这个数学内容的源头，从而缺乏应用意识．在教师的指导下，学生通过讨论解决这个问题之后，我们再让学生思考：这个题目给我们传递了什么信息？也就是说，双曲线有什么实际应用？其实，这里就涉及双曲线在定位中的应用，教师在此不必作过多的阐释，给学生布置一个作业：课后上网搜索一下"双曲线定位"，看看能够有些什么样的收获，后边我们再安排一点时间给大家交流学习．这对大多数学生来说还是比较有吸引力的，网上内容丰富，他们通过查阅既可以加深对数学内容的理解，也可以拓展他们的视野．

（三）数学教学中渗透数学实践应用意识应当坚持适度的原则

我们在进行数学教学的同时，渗透实践应用问题不能过度，不要想一步到位，有些数学内容的应用性只是体现在实际问题的某一方面或者大的原理范畴，具体过程还会涉及其他很多知识，所以不能深入进去，但是可以鼓励学有余力的学生多学习一些，思考深刻一些．对于有一些内容，如果学生完全可以解决的就可以安排一些实习作业、探究作业，让他们去完整地探究一下，锻炼他们的动手实践能力．比如，学习了数列知识后，就应当安排学生计算房贷还款这样的实习作业，让他们真实地体会一下银行里的一些计算原理．

总之，对人才的培养是一个长期积累的过程，中小学阶段是尤其重要的，我们要从长远发展出发，对学生进行文化教学的过程中必须将教材中的理论知识和实际应用紧密联系起来，不断培养学生的应用意识，锻炼他们的实践能力，挖掘他们的创新潜能，发展他们的核心素养．

二、在教学中渗透"实践应用意识"的实践

大数学家欧拉说过:"数学这门科学需要观察,也需要实验."只有学生亲身参与到研究探索的体验中,才能更好地形成发现问题、解决问题的能力;在收集数据、分析数据、构建相应的数学模型的过程中自然渗透数据分析观念,训练学生数据分析能力,培养数据分析的核心素养.

"程学琴名师工作室"的教师在数学渗透素养的"学中做,做中学"的教育实践中提供了一些经典课堂范式.以下工作室教师的教学设计,鉴于本课设计思路特别,有很多设计意图需要解释,所以本课的教学过程用表格形式呈现,以便及时说明每一步的设计意图.

【课堂范式】

"估算"一课的设计思路和课堂实录

(一)教学背景

(1)内容背景:①在学习概率的过程中,有很多用实践来验证的例子,激励我们的探索精神;②在导数的学习中,我们从数学角度相对抽象地感受到了指数增长的威力,但是缺乏更形象的感受.

(2)学情背景:教学对象是理科平行班,特点是男生思维活跃,女生相对严谨踏实且有钻研精神,全班同学课下探究积极性高.

(3)知识背景:导数初步,概率统计,图形计算和分析,算法知识,指对数运算等.

(二)核心素养渗透

1. 教学内容渗透核心素养

(1)热身活动,对学生的"正确获取数据的能力""对数据的感知力"进行摸底和热身.

(2)通过著名的"国王奖小麦的故事"进行简单的估算示范,激发学生的质疑和实践精神.

(3)引入历史上著名的"荷兰人投资曼哈顿岛"的案例,并结合身边发生的事,引导学生分组活动,设计估算方案,并进行展示.

(4)课下实践作业,调查万家湾附近的人流量和常住人口.

2. 教学目标渗透核心素养

（1）按课标要求，在实践中体会指数模型爆炸式增长的特点，并体会对数的作用.

（2）提高学生处理数据、感知数据、应用数学的能力和求真、务实的精神.

（3）通过历史经典例子和身边的事例，一远一近，提高学生钻研数学的兴趣.

（4）引导学生尊重前人成果，但要理性吸取；鼓励学生要有质疑精神，但不能盲目质疑. 既要有理性的分析能力，又要有勇于探索的激情.

（5）引导学生热爱生活，感恩父母.

（三）重难点

理论联系实际的能力，对数据的科学收集、处理和运算，团队协作能力.

（四）教学过程

教学环节	教学内容	设计意图
课前自主学习与实验	报纸上看到，成都市最拥挤的公交车是二环路环线的 K1、K2 快速公交，布置第一个作业，估算二环路的人流量；在最近的一个财经节目中提到了这样一个故事：1626 年，荷兰人用价值约 60 荷兰盾（大约 24 美元）的物品从印第安人手中买（交换）下了面积为 57.91 平方公里的曼哈顿岛，讨论其投资价值. 先给同学们讲一下，然后布置第二个任务，让同学们设计方法估算二环路内的区域面积，让同学们对土地面积的大小有一个形象感受. 收集作业，学习小组间提前对比讨论优化，最后在课堂上重点展示第二个课前作业	在我们的整个数学教学，甚至理科教学中，都有这样的问题，就是学生对所学的相对抽象的东西没有真正的感知，甚至除了停留在黑板、课本和试卷上，会用来做题外，并不知道它是什么，意味着什么，缺乏与和活实践的联系，违背新课改精神. 另外，我们身边每天发生很多事，很多都是良好的教育教学素材（如上面教学背景第 2 点），而现实情况是，我们的数学教学让学生和社会脱节，所以布置这样的一个课前作业
热身活动一：正确获取数据的能力	估计分析一个成绩数据（提问）	估算过程包括明确估算目标、科学获取分析数据、方法的选取与优化、理性分析结果和误差等，其中获取分析数据作为此过程中的前期能力至关重要

教学环节	教学内容	设计意图
热身活动二：对数据的感知度	问题：1. 你能具体描绘出以下你熟悉的量大概有多少吗？1牛顿？1度电？1公里？1亩土地？ 2. 把你的数学课本或者两个鸡蛋从桌子底下捡起来需要做多少功？（换个角度）1瓶满的农夫山泉底部对桌面的压强是多少？	让大家反思：这些我们经常用到的"量"，到底有多大，我们是否只会用它们算题，而对它们毫无知觉
示范活动	通过中央电视台节目《是真的吗？》引入，以身作则，回忆自己对小时候学习的一个问题（"国王奖励小麦"的故事，小麦的数字到底有多大？首尾连接能连到月球的说法，有什么依据？）从质疑到验证解决的过程	以身作则，激起同学们敢于质疑的激情，又引导同学们理性分析，求真务实的态度，感性与理性交织，方能迸发出创新的火花
展示学生探究过程和结果	回顾作业布置背景： 历史：1626年，荷兰人用价值约60荷兰盾（大约24美元）的物品从印第安人手中买（交换）下了面积为57.91平方公里的曼哈顿岛. 在今天，这个小岛已成为纽约的中心. 问题1：感知一下57.91平方公里有多大，可对比成都市的二环或三环内的区域面积感知. 请同学们设计出利用自己已掌握或容易掌握的数据估算二环路内面积的方法和你们的结果，分组展示. 问题2：我们假设一个理想化模型，有一个稳定的金融渠道，年平均利率能达到10%，请设计一个估算方式，来说明哪笔投资更划算？（自己搜集曼哈顿各阶段的地价数据）. 分小组展示、讨论、评价、优化（如图）	设计弹性探讨问题，体现动态生成性教学的原理. 培养同学勇于探究，乐于协作的精神，并锻炼对自己观点的表达、呈现能力. 另外，在这个过程中要让学生知道，估算的重点是能感受到数据的科学范围，并能科学地优化过程，控制误差，而不是精确（绝对精确是不可能也没有意义的）
展示	 图2 小组展示一：在数学课上擀面，刚开始是买切片面包，但是发现误差大，深刻体会到实践的重要  图3 小组展示二：微元法消除误差（有微分思想）	预设与随机生成并存，团队合作密切，发言积极

教学环节	教学内容		设计意图
	房价测定法 · 原理：根据不同地段的房价不同，来估计市中心到二环的直线距离。 · 方法（1）求从市中心一直到三环的平均房价差记为A。 （2）计算市中心到三环的平均距离记为B。则房价的变化率为(A/B)(元/千米) （3）计算出市中心到二环的平均房价差C。 （4）市中心到二环的平均距离为（CB/A） （5）将二环近似看做一个圆，S=3.14(CB/A)^2	图4 小组展示三：房价测定法的构思	
	成都市人口密度分布差异的影响因素	图5 小组展示四：人口密度测定法（引出了正态分布等统计思想）	
		图6 小组展示五：几何概型法（蒙特卡洛思想）	
交流小结	①讨论评价估算的过程与方法； ②分享对这个过程、结果的感知和感受		让此课的理念和意识的渗透得到巩固
课后作业	①学校附近鹏瑞利广场已经开业一年，中铁新天地也即将开业，在不远处的和悦府对面，还将建设成都市第四座万达广场．请你设计方案，估算此决策是否合理（比如以万家湾人流量或者常住人口、消费力等作为探究角度）． ②请从你的日常花费和未来可预计的花费，估计你从出生到工作总共会花费的金额．然后根据目前公布的普通的大学毕业生平均底薪（自己搜集数据），以及官方公布的年平均工资增长率（自己搜集数据），不考虑货币贬值等因素，估算一下，如果自己只是一个普通大学毕业生，多少年能回报父母？（请课下思考，拿出方案，小组交流展示研究结果）		趁热打铁，在同学们通过这节课初步建立起的敢于质疑、勇于探究、乐于协作、学以致用的意识后，再布置一个自己身边的数学探究问题，并引导学生热爱生活，感恩父母

上面教学过程设计中展示了教学环节、教学内容、设计意图．随后，工作室教师趁热打铁，写了本课的复盘和反思，将本课的得与失及时提炼与沉淀下来，使它的意义更深远．

"估算"课后复盘与反思

（一）新课改实施与新二环通车的双重背景引发的课堂设计和准备

2013年春夏之交，成都市新二环路通车，而我们也将进入毕业班摸底考试的总复习，当复习到指数函数和对数函数时，发现同学们只是片面地去记住公式，但真正对指对数的意义和直观感觉却没有.

这个现象，在这节课的准备之前，我作了一个测试来了解大家对数据的感知度.

问题一：一个足球场大概是多少亩？

问题二：拿出两个鸡蛋让同学握着，让其立即感受大概是什么数量级的牛顿数.

问题三：拿出一瓶矿泉水，让同学估计大概压强是什么数量级的帕斯卡数.

对于上述问题，能立即答准确的并不多. 这说明很多我们在计算中熟练使用的量，同学们却没有真正的感受. 这与新课改理念完全背离. 我们的同学计算了很多物理题，却不知道一度电可以用多久.

于是，在复习指数、对数时，我一直在思考，如何设计一个个教学活动，让同学们对指数、对数有一个直观的感受和认识. 我觉得最有感官冲击的应该是指数的爆炸式增长. 指数的爆炸式增长的例子在历史上不少，比如国王奖获胜棋手小麦的故事. 这个故事同学们很熟悉了，如果让它作为唯一的例子可能不能完全激起同学们的兴趣，但是完全舍去又觉得遗憾. 于是，我让它在最后的课堂上（见后，6月3日公开课）作为一个范例，来说明如何估算这个指数爆炸式增长的数量的大小，即计算数量级，而要计算数量级，又得先取对数. 同时将此过程作了严格示范，让同学们体会对数的作用，体会到指数与对数的关系，体会到再暴力的指数在温柔的对数面前也只能化于无形的道理.

在这个基础上，我继续找能让同学们体会到指数爆炸式增长的素材——估算荷兰人买"曼哈顿岛"：1626年，荷兰人用价值约60荷兰盾（大约24美元）的物品从印第安人手中买（交换）下了面积为57.91平方公里的曼哈顿岛. 在今天，这个小岛已成为纽约的中心.

看到这个素材，我心里非常惊喜，一个课程设计方案出来了. 在课前，我先讲了这个故事，问大家57.91平方公里有多大，同学估算的面积差别很大. 于是我布置了第一个任务，希望通过这个任务让同学们先感受区域面积的大小.

任务 1（课下完成，课上展示）：感知一下 57.91 平方公里有多大，可对比成都市的二环或三环内的区域面积感知．请同学们设计出利用自己已掌握或容易掌握的数据估算二环路内面积的方法和你们的结果，分组展示．

这个任务遵循了新课改的两个理念：一是应用、探究、协作、主动获取知识．《课标》指出："数学教学应从学生实际出发，创设有助于学生自主学习的问题情境，引发学生通过实践、思考、探索、交流，获得知识，形成技能，发展思维，学会学习，促使学生在教师指导下生动活泼地、主动地、有个性地学习."二是让学生有实实在在的感知和感受．我对这个第一步设计感到满意，但结果如何，我还是忐忑不安．

（二）课堂活动中惊喜

学生们返校回来后的数学课，没有任何演练的一节课，正好是树德中学的教学研讨会，我承担了这节公开展示课．进入正题后，我让同学们分组展示他们的研究成果，整个气氛一下活跃起来．

部分同学先表示，网上查到的数据主要是长度的，基本查不到二环内的区域面积．于是，很多小组就从长度入手，进行估算．期间大家讨论交锋激烈，让我不忍打断．

起初，有两个小组起来，用大家公认的数据（二环路全长 28 公里），以正方形或者圆来估算．比如以正方形估算，先估算出边长为 7 公里，然后再估算面积为 49 平方公里；而以圆估算的，先估算出半径大约 4.5 公里，然后再估算面积为 63.5 平方公里．然后立即有同学起来，走上黑板，画出了二环路大致是一个八（七或九）边形（如图），然后画出了刚才两个同学的圆和正方形（如图，正方形内接于圆），指出"超过四边形的多边形可以介于正方形和圆之间，估算会更准确，所以可以肯定二环路内的区域面积介于 49 平方公里到63.5 平方公里之间"．

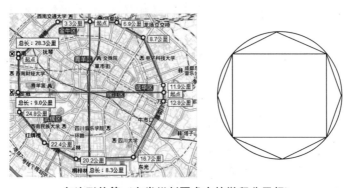

多边形估算（有类似割圆术中的微积分思想）

我终于以鼓掌打断了他的话，并点评道："估算的思想就是不要求准确值，只要求到我们需要的值，但要方法尽量科学，这个同学这两点做得很好. 实际 49 平方公里到 63.5 平方公里之间这个数据已经能让我们对曼哈顿岛的大小有一个清晰的认识了，已经达到我们的需要了，即曼哈顿岛面积和我们生活的二环路内区域面积相当！这就是最直观的感受."

中间还有同学以其他方式来估算面积的，比如有以成都市人口平均密度和二环路内各街道人口数据估计的，有查阅社科院资料用房价来测定的，也有通过新闻中报道的二环高架吊装的钢梁长度和数量来估算的，还有用概率统计方法、微积分思想的. 在这里面，我印象最深的有两个：一是有一组同学用和面的方法去估算，在过程中将和面工具弄坏了，当着众多观摩老师和同学的面相互鼓励到"没事，修好重来"，让我感动不已，顿时觉得解放同学们，让同学们动起手来竟然能收获如此多的感动，为什么我们还不让同学们"学中做，做中学"呢？二是有一个同学选择去体验生活，在周末乘坐了刚开通的二环快速公交，站在前面，根据其速度计时然后先估算出二环路长度的. 课堂延伸到了我们的城市，延伸到了生活中. 因为很高兴，我的点评就一句，"挤不挤?"

在这个气氛中，我适时抛出第二个估算和感受任务.

任务 2（课上完成）：我们假设一个理想化模型，有一个稳定的金融渠道，年平均利率能达到 10%，请设计一个估算方式，来说明哪笔投资更划算？（自己搜集曼哈顿岛各阶段的地价数据）

我先用前面提到的国王奖励棋手小麦的故事，示范如何用取对数的方式估算一个爆炸式的指数的数量级，再换算乘具体的量（比如重量、长度等），从而感受它的大小. 然后再讲清楚，这个任务并不是数学中的比较大小的比差，不需要准确值，只需要从数量级估算入手，其余方案自行设计.

十分钟后，又是一片踊跃景象，而且结果让人很诧异. 一个最简单的估算方式，如果当初荷兰人省下这 24 美元，并能够按 10% 的年复利率进行投资，那么到了 2012 年底，这笔钱将变为：$24 \times (1+10\%)^{387}$，通过取对数，是 10^{17} 数量级的，而 57 平方公里，换算成平方米是 10^7 数量级的（1 平方公里 = 10^6 平方米），从而，折合成地价是每平方米 $10^9 \sim 10^{10}$ 美元的数量级，已无须再算准确值. 对比成都市二环路内区域面积，那块地的大小同学们是知道的，所以同学们很惊讶和诧异，对指数、对数的神奇感叹不已时，我不忘冷静地浇一盆冷水："我们这个估算太过理想想化，真正的估算可以忽略一些东西，但是也有不能忽略的. 所以，优化估算方法是永恒的主题，数学需要激情和感性，但理性也是永恒的主题."于是，我又举了一个经典的例子，来说明估算中要考虑一些不能忽略的现实存在，并将这个任务交到课后.

有人说："一张普通厚度的纸假设可以对折 50 次，则高度大约为地球到月球距离的 30 倍."（这是一个更典型的指数爆炸的例子）

但是这个理想化相比上一个例子却不能无条件地存在于现实中. 因为如果纸的厚度达到了折叠面的一半就很难折叠了，所以在实际估算中还要考虑很多实际情况. 解决问题总是从提出问题开始的. 于是有了下面的任务.

任务 3（课后完成）：上面问题的事实是根据一般纸张的状况，当厚度大约为 0.1 mm，边长为 1 m 时，根据以上公式，可以得出折叠 8 次就无法折叠了. 更大的纸，厚度不变，当边长为 1 km 时，也只能折叠 14 次！你能否估算出来？（提示：假设纸为正方形，边长为 a，厚度为 h，那么可以最多对折的次数 n 与 a 和 h 在不计边角损失的情况下，应该满足什么函数关系？什么情况下可以不计边角损失？如果考虑边角损失，怎么改进你的模型？（请课下思考，拿出方案，小组交流展示研究结果）

（三）课后反思新课改教学

这节课的成功首先带给我的是信心：一是对新课改的信心，新课程标准的理念和我们的教学实际不是完全矛盾，而是可以统一的；二是对学生的信心，他们的表现真的出乎我的预料，如果说课堂展示前布置了任务的那个周末，我对他们还是担心的心理，那么课堂展示后，我将充分地相信他们的潜力. 你放手给学生一片空间，他们会还你一片无限的天空. 因此，作为一个开端，我有信心在以后的教学中，更大胆地但循序渐进地创新和改变，将新课改的理念灌输进去.

这节课也带给了很多同学信心和兴趣，同学们纷纷说，数学里一个小小的知识点居然那么神奇和有用，并且在自己的成果展示得到肯定，在团队协作讨论时得到肯定和相互支持时，他们的信心也上来了. 以前只是被动地知道成都大概有多大，只是听说国王讲的小麦是个巨大的量，但是今天，同学们居然发现，原来不需要别人告知，自己的知识和能力其实已经可以得到这些答案了. 如果长期这样，对学习、对生活的自信和热爱肯定会上来.

这不就是新课改的初衷和理念吗？引用一位前辈的话作为结语，因为我今天再看这段话，觉得我已经践行了这段话："数学源于生活，在数学课堂教学中，教师应有意识地还原数学知识的生活背景，将数学知识与学生的生活实际紧密结合. 那么在学生眼里，数学将是一门看得见、摸得着、用得上的学科，不再是枯燥乏味的数字游戏. 这样，学生学起来自然感到亲切、真实，有利于培养学生数学的应用意识. 在教学某一数学知识时，我往往不先出示数学问题，而是先提出相关的生活问题；让学生急于去解决生活问题的过程中，为谋求简便而不得不思考数学问题．这样，数学问题就成为学生急于探究的问题．一方面，我们充分激发了学生的学习兴趣；另一方面，我们又促使数学问题的解决变得既具有浓重的现实意义，又具体、生动、直观地呈现了一种或多种解答思路．"

　　从上面的实践我们可以看到，合作学习既是一种教学思想，又是一种教学策略．它不仅转变学生的学习方式，将学生以往的被动接受式学习，转变为自主探索与合作的方式，同时提供了学生独立思考的机会，培养了合作交往技能．合作学习可以弥补教学中教师难以面对众多学生进行差异性教学的不足，通过学生间在学习上互相帮助，共同进步．结合最近发展区理论的特点，合作学习中的生生互动更能实现学生间的互相促进，达到共赢，从而真正实现使每个学生都得到发展．学生在讲解知识的时候，对知识的再加工，可以加深学生对知识的理解、应用，提升数学学科核心素养，正如精细加工理论所指出的：活动中教者与被教者双方都受益．此外，合作学习除了让学生在知识上得到提升，还让学生在人际交往能力、团队合作能力上得到培养．同时激发了学生的创新意识，让学生在学习中体会了成功的喜悦，从而增强了自信心，激发了探究欲和拼搏精神．

　　以上是工作室教师的课堂复盘，特别是中间写到的两个让人印象深刻的小感动，实际上更可以看作让广大教育工作者解放学生，让学生通过"学中做，做中学"提高学习积极性，释放潜力，促进深度学习的一次说服，一种呼吁，一声呐喊．

三、后记

　　深度学习是促进学生核心素养发展的智慧之旅．深度教学以发展学生数学核心素养为目标，以培养学生深度学习意识和实践体会为内容，构建深度教学的一般样态．研究中，需要对深度学习的意义进行再认识．

　　深度学习是发展核心素养的学习．核心素养是指"学生在接受相应学段教育过程中，逐步形成的适应个人终身发展和社会发展需要的必备品格与关键能力"．当育人目标转向培育学生核心素养时，相应地，课堂教学必须发生根本性的变革．深度学习立足于推动以学生学习为中心、以学生核心素养培育为目标的教学改革，着力研究解决当前我国课堂教学中存在的重点和难点问题，提高课堂教学的质量和水平．深度学习以培养学生核心素养为根本追求，因为只需简单记忆和机械应用程序的工作，是不需要深度学习的．在迅速变化的世界中取得职业和社会生活成功的关键，就是要拥有远大志向和坚强的意志、批判性思考和问题解决能力、有效的沟通和协作能力以及学科思维、学习策略和积极的学习心向等．而这些素养的获得需要深度学习的支撑，因为素养是"个体在与各种真实情境持续的社会性互动中，不断解决问题和创生意义的过程中形成的"，深度学习正是这样的活动和过程．

深度学习是理解性学习．面向未来的未知世界的学习，学习者必须获得对概念更深层次的理解．有研究表明，与以识记、复述知识等为特征的浅层学习不同，深度学习是学生想要去理解以及从学习内容中提取意义这两者的结合．理解不仅仅是单纯字面意思上的知道、了解、明白之意，它更强调一种深层次的思考，即解释、思辨、推理、验证、应用等更有难度、更加复杂和更具综合性的学习．进一步说，仅仅有这样的理解还不够，还需要学生能够将这些已经理解的知识应用于生活中．可以说，只有当学生知道在什么样的情境中应用这些知识，知道面对新的、真实世界的情境时如何调适、修正这些知识时，在他们能够解释信息、创建模型、解决问题、建立与其他概念、学科及真实世界情境的关联，从而形成理解世界的新方式时，才真正发生了真实的、有深度的学习．这样的深层次概念理解主要由专长习得、问题解决和高级思维构成．其中，"专长"主要是指专家知识与技能．学习，从一定意义上讲，就是从新手逐渐向专家转化发展的过程．与新手相比，专家具备三个方面的优势，即有意义知觉模式、大量的知识经验存储、很强的计划和监控能力．除此之外，深层次理解还有助于提高学生的道德认知，使学生更有道德、更富人性、更具同理心以及更愿意遵守行为规范．

深度学习是符合学习科学基本原理的学习．在回答"学什么""怎样学"才能培养学生的核心素养这一问题时，深度学习的学习活动和过程的设计与实施遵循学习科学的基本原理．学习科学是指借助心理学、认知科学、教育学、计算机科学、人类学、社会学、神经科学、设计研究等领域的研究成果，从不同学科视角揭示人类学习规律的一个跨学科的研究领域，致力于更好地理解产生有效学习的认知和社会过程，并运用这方面的知识去重新设计课堂和其他学习环境，以提高学习绩效．依据学习科学的基本原理，对深度学习的理解应包括两个方面：一方面，深度学习是建立在学生先前知识基础上的概念改变．学生在进入学校之前并非"一块白板"，他们是带着来自日常经验、其他情境中获得的先前知识、信念等走进教室的，这些知识、经验、信念等被称为学生的"前概念"．学生的"前概念"有的支持新学习的发生，有的则起阻碍作用．当科学概念与学生的"前概念"发生冲突时，就会给学习造成很大困难．有效的教学应明察、导出学生的日常经验等"前概念"，并为其做出正确、充分的自我解释及建构意义，创造学习环境与条件．学生有意义的学习就是将新知识与已有知识经验建立明确的联系，并将其整合进原有知识结构的过程．从本质上讲，学习就是由经验引起的学习者原有观念发生的改变．只有学习者的知识、经验和情感、态度、价值观发生了持久的改变，我们才能说他学会了．然而，学生的"前概念"非常顽固，直接呈现一个新概念并不能真正促进概念发生转变．只有揭示出学生的"前概念"，通过实验等方式呈现科学概念从而引发学生的认知冲突，才能真正撼动其"前概念"并发生转变．另一方面，深度学习注重"元认知"的教学方法．深度学习要培养具有主体性的全面发展的人，这样的人首先是能够"学会学习"的人．"元认知"的教学方法通过帮助学生确定学习目标及监控达成目标的过程、掌握相应的学习策略等，学会控制和促进自己的学习．元认知策略包括计划、监控、评价自己的思维过程，审慎地选择解决问题的策略等．为实现深层次的概念理解，学生首先需要清楚特定情境下已有的知识和需要掌握的知识，必须做出两方面的思考：一是要明确任务、目标是什么以及自身现有能力；二是要考虑何时、如何使用特定的程序、方法等来解决问题．学生的元认知能力是可以通过直接教学或观察、模仿教师或学科专家解决问题、进行思考时的策略来加以培养的．此外，让学生自主建构所学主题的概念图，使学生有意识地建立联系、建构意义、外化其思维过程，有助于学生增强对知识的深度理解和应用．学习科学研究得出的相关原理，为深度学习理论架构和设计实施，提供了必要的研究基础和实践依据．深度学习因应新时代中国学生发展核心素养培育的挑战，吸纳学习科学的基本原理，将围绕学科核心概念，建立起相关概念、原理之间的框架及其与生活世界关联而生成的关键性问题．通过呈现问题情境，在学生"前概念"基础上，使其不断探究，像"学科专家"一样进行知识建构、问题解决和反思改进，从而实现概念的改变和知识的迁移．"学科核心""知识结构""学习动机""深度理解"和"解决复杂问题"，成为深度学习的关键词．

　　本章从四个角度（"问题与情境的有效创设""知识与思维的优化统整""学科素养的渗透培育""做中学，做中教"）和三个维度（参与度、适切度、延伸度）所列举的课堂范式，均全面体现了上述三个深度学习的特征．总之，促进学生深度学习的深度教学方面的内涵深刻无止境，任重而道远，理念历久且弥新，"程学琴名师工作室"成员对此的理想亦坚定不移，对它的探索追求和实践永不止步．

第四章　数学深度教学的整合应用

　　深度学习是指学生在学习的过程中充分发挥自身的主观能动性，对所学知识进行深入挖掘，在原有理解的基础上进行深化. 在此过程中将知识点进行整合，从而构建多维的知识体系结构，更好地实现对知识的运用与迁移. 深度学习要求学习者应在探索、反思与创造的过程中，深刻理解并记忆知识，把握知识间的内在联系，以更好地解决实际问题. 深度学习是培养学生核心素养的重要途径，能够有效提升学生的思维品质，使其保持持久的学习动力.

　　如何在数学教学实践中，让学生在掌握数学知识的同时，拓展其数学思维品质，以顺应社会发展需求，进而提高学生创新思维能力，成为教师当前的主要任务之一. 教师可以在教学过程中运用各教学环节，对学生渗透和教学内容相关的数学思想.

　　在数学深度教学中，教师要善于提炼数学核心问题，善于运用数学核心问题，让核心问题驱动学生的数学思考，驱动学生的数学探究，驱动学生的数学创新，挖掘数学知识实质，帮助学生建构数学知识体系.

　　现如今，部分高中数学教师在教学认知上存在偏差，对于数学知识实质内容的研究不是很透彻，这使得教学氛围表面上看起来非常活跃，但学生对于知识的理解仅停留在表层意义上. 再加上，教师总是倾向于用不断地"教"来保证学生的学习效果，久而久之，学生在不知不觉中走入教师"无限教导"的误区，形成严重的依赖心理，这违背了深度教学的初衷. 因此，教师需要在教学思路上进行转变，充分挖掘数学知识的实质，让学生在学习过程中发挥自主性，真正撬动学生的思维，使其积极建构数学知识体系.

　　按照美国著名教育学家本杰明·布鲁姆的"教育目标分类学"，学生的数学思维可以分为：记忆、理解和运用；分析、评价和创造. 其中，记忆、理解和运用是学生在已知状态下的学习，属于低阶思维；分析、评价和创造是学生在未知状态下的学习，属于高阶思维. 对于学生来说，听教师讲解、学习模仿、练习强化等都属于低阶思维；而自主探究、合作研讨、猜测与验证等都属于高阶思维. 发展学生高阶思维，必须引导学生超越浅层、被动的学习状态，展开深度性、批判性、探索性和创造性的学习. 低阶思维下的数学学习，学生往往是浅尝辄止，获得的只是浅表化的数学知识. 甚至有学生在数学学习中被动接受、临渊羡鱼. 其具体表现为学生数学学习缺乏深刻性、不成结构性、缺少批判性、不可变通性等. 高阶思维需要学生深度体验，经历充分的、真实的、完整的数学探究历程，不断地发现问题、解决问题，形成数学智慧. 低阶思维的学习是简单、重复、被动的学习，其背后往往是学生肤浅的理解、机械的操作等. 高阶思维的学习将学生的"做"与"思"紧密结合，通过具身化数学操作、数学实验，让学生手脑协调活动，交融并进. 深度认知是高阶思维的主要发生方式. 高阶思维具有不规则性、复杂性，能够产生多种问题解决方法、策略，学生在其中能够自我调节，能够使用抽象的结构，能够对相关信息进行整合. 要引导学生展开深度实践，在深度实践中交流、研讨、合作、分享、互学、共辩等. 深度实践是高阶思维发生的形态.

深度学习视域下，高中数学教师要把握教学主旨，真正抓住数学知识的核心内容，通过多元化的引导，有效提高数学教学效率，培养学生自主学习能力，以情感驱动知识积累.

情感因素也是核心素养的重要内容，很多时候，教师在介绍数学概念和数学方法的过程中，不带有任何感情色彩. 这很大程度上是由数学教师的理性思维决定的，他们认为数学知识是理性的，讲授的方式也应该绝对理性，很难在课堂上以情感驱动的方式引导学生参与学习中. 但这并不意味着教师的思路是正确的. 新课改的新型教学理念要求高中数学教师需要做的是用情感的力量为学生提供数学学习的动力，促使其进行深度学习，在提升他们数学学习效率的同时，强化其数学情感.

深度学习视域下的高中数学教学应站在科学的视角，对学生的知识与能力、情感态度与价值观等进行全面培养，全方位提升学生的核心素养，促进其数学综合能力的提升.

本书提供了以下案例，从德育渗透与美育融合、数学文化与信息技术等方面，与大家分享深度教学中的整合与应用.

第一节　深度教学与德育渗透

新课程标准把德育教育放在十分重要的地位，作为基础学科的数学肯定也必须重视德育教育. 当前，各个阶段的教育发展中都强调了德育教育的重要性，中学数学教育也不例外．在"立德树人"理念的指导作用下，越来越多的教师已经积极参与到探究德育教育与文化课教育之间的结合路径，并取得了一定的教育成果．中学数学课程的抽象性和逻辑性较强，其中也蕴藏着德育教育的元素，需要教师在教学中对其进行深入挖掘，并将其渗透于教学活动当中．空泛地说教，不能激发学生对学习目标的欲望和兴趣，而根据不同的教学内容，选择有针对性的素材，向学生说明数学与人类生产、生活息息相关．学生有了强烈的目标意识，便能将数学的学习转化为良好的自觉行为，并把这些良好的行为方式转化为他们的习惯，使之终身受益．笔者就自己的教学实践，浅谈在中学数学深度教学中对德育渗透的几点理解和应用．

一、培养学生的爱国主义、集体主义情感和理想信念

曾有人做了这样一个比喻：学习成绩不好是次品，身体不好是废品，思想道德、政治立场不好是危险品．这个比喻在一定程度上反映了德育效果在智力投资的有效性中占支配地位．因此在课堂教学的同时，教师应根据不同知识及材料给学生传递爱国主义、集体主义等．

可结合教材中一些数学家的阅读材料向学生介绍他们的情况，比如：①南北朝时期的祖冲之，从小喜欢"博览群书"，他的观念"专攻数术，搜炼古今"中"搜""炼"两字，刻画了他的治学方法和精神，而且他在圆周率、球的体积等方面颇有研究，并为后人所用；②南宋时期的秦九韶，苦心钻研，博学多才，写出18套20多万字的巨著《数书九章》，他的成就不仅属于中国，而且属于全世界；③现代的苏步青、华罗庚、陈景润、陈省身、吴文俊等数学家无一不是奋力拼搏，怀着一颗拳拳报国心，对中国乃至世界数学的发展做出了伟大贡献．

通过这些中国数学史的介绍，提升学生们的民族自豪感，增强他们的民族自信心和无私奉献精神，树立起为振兴我国数学而努力学习的决心．

再如下面问题：

近日，据媒体报道称，"杂交水稻之父"袁隆平及其团队培育的超级杂交稻品种"湘两优900（超优千号）"再创亩产世界纪录，经第三方专家测产，该品种的水稻在实验田内亩产 1 203.36 kg．中国工程院院士袁隆平在1973年率领科研团队开启了杂交水稻王国的大门，在数年的时间内就解决了十多亿人的吃饭问题，有力回答了世界"谁来养活中国"的疑问．2012年，在袁隆平的实验田内种植了 A，B 两个品种的水稻，为了

筛选出更优的品种，在 A，B 两个品种的实验田中分别抽取 7 块实验田，如图所示的茎叶图记录了这 14 块实验田的亩产量（单位：10 kg），通过茎叶图比较两个品种的均值及方差，并从中挑选一个品种进行以后的推广，有如下结论：①A 品种水稻的平均产量高于 B 品种水稻，推广 A 品种水稻；②B 品种水稻的平均产量高于 A 品种水稻，推广 B 品种水稻；③A 品种水稻产量比 B 品种水稻产量更稳定，推广 A 品种水稻；④B 品种水稻产量比 A 品种水稻产量更稳定，推广 B 品种水稻. 其中正确结论的编号为（　　）

A品种		B品种			
8	7	4	6		
7	8	3	4	7	9
8 7 4 0	9	6			
5	10				

A. ①②　　　　B. ①③　　　　C. ②④　　　　D. ①④

本题的情境说明数学既来源于生活，又可应用于生活，在解题中不仅能提升学生的数据处理、数学阅读能力等素养，而且能引导学生要努力学习，全面提高自己的综合素质，向科学家袁隆平学习，为国争光，为民谋利. 在数学深度教学中渗透爱国主义教育，引导学生树立远大目标.

再比如学习椭圆相关知识时，可回归到卫星运行的轨道就是椭圆，结合我国的神州五号到神舟十号以及北斗系统，说明高科技离不开数学及数学精密的计算，更离不开科研工作者们吃苦耐劳、勇于探索的精神. 载人航天的愿望得以实现并不是一个人能完成的，是经过几代人苦心钻研、彼此协作，凝聚了所有人的智慧才有今天的成绩. 同学们都暗下决心以后要为祖国的科技事业奉献一生.

二、培养学生的科学观

（一）辩证唯物观

唯物辩证思想是贯穿德育教育体系中科学世界观的核心内容. 数学中有非常多充满着辩证唯物主义的生动题材，这就需要我们细心体会、挖掘. 由于数学的产生来源于客观世界的事实，可以让学生确定"存在决定意识"的唯物主义观点．数学中正与负、有限与无限、常量与变量、函数与反函数、数与形等都是渗透对立统一、量变与质变、抽象与直观等辩证思想的极好素材．通过有针对性的数学教学渗透，将有助于培养学生的科学世界观和方法论．

例 1　求方程 $x^6 - (a^2+1)x^2 + a = 0 (a \in \mathbf{R})$ 的实根．

分析：原方程变为 $x^2 a^2 - a + x^2(1-x^4) = 0$，即 $(a - x^2)(x^2 a + x^4 - 1) = 0$，

∴ $a - x^2 = 0$ 或 $x^4 + ax^2 - 1 = 0$．

这样把原方程转化为关于 a 的一元二次方程计算就简单了，这正是常量与变量的辩证统一．

例 2　解方程 $\left| |3x-4| - |3x-8| \right| = 2$．

分析：此题若按常规解法——去绝对值符号，运算较为复杂，但只要将原方程变形为 $\left| x - \dfrac{4}{3} \right| - \left| x - \dfrac{8}{3} \right| = \dfrac{2}{3}$，并将它转化为

$\left| \sqrt{\left(x-\dfrac{4}{3}\right)^2 + y^2} - \sqrt{\left(x-\dfrac{8}{3}\right)^2 + y^2} \right| = \dfrac{2}{3} \ (y=0)$，易联想到双曲线

定义：一动点 $(x,y)(y=0)$ 与两定点 $\left(\dfrac{4}{3},0\right)$，$\left(\dfrac{8}{3},0\right)$ 的距离之差的绝

对值等于一正常数 $\dfrac{2}{3}\left(<\dfrac{8}{3}-\dfrac{4}{3}=\dfrac{4}{3}\right)$，据此很快确定 $a=\dfrac{1}{3}, c=\dfrac{2}{3}$，从

而 $b^2 = \dfrac{1}{3}$，中心为 $(2,0)$，故双曲线方程为 $\dfrac{(x-2)^2}{\dfrac{1}{9}} - \dfrac{y^2}{\dfrac{1}{3}} = 1$，令 $y=$

0，得 $x_1 = \dfrac{5}{3}, x_2 = \dfrac{7}{3}$，即为所求方程的解．

此题正说明"数与形"的辩证统一，沟通了知识间的联系，提高了学生分析问题、解决问题、发散思维的能力．

（二）和谐统一观

数学问题的解决除了必备的思维过程，"观念"在其中起着纽带作用，正是这一"纽带"把许多知识、方法联系在一起，使之成为一个和谐的统一体．

例如圆锥曲线间的统一：①统一定义：若平面内一个动点 $M(x,y)$ 到一个定点 $F(c,0)$ 和一条定直线 l 距离之比等于一个常数 e（$e>0$），则动点的轨

迹为圆锥曲线. 当 $0 < e < 1$ 时, 轨迹为椭圆; 当 $e = 1$ 时, 轨迹为抛物线; 当 $e > 1$ 时, 轨迹为双曲线. ②统一方程: $Ax^2 + By^2 + Cx + Dy + E = 0$, 其中 A、B 不同时为 0. ③统一截得方式: 由圆锥可截得. ④统一的天体行星运行轨迹.

这样既使学生掌握了知识和应用, 又向学生渗透了和谐统一的科学观和数学思想.

三、培养学生正确的思维理念

(一) 思维全面性

数学可以对学生理性精神的培养起促进作用, 数学的理性精神主要体现在严谨求实、理智自律、执着求真、开拓创新等方面. 通过典型题的解题实践, 既巩固了知识, 培养了能力, 同时也使他们发展了坚持公正、忠于科学、一丝不苟、不懈探索的优良品质.

例 1　已知 $f(x) = \dfrac{x^n - x^{-n}}{x^n + x^{-n}}$, 对于 $n \in \mathbf{N}_+$, 试比较 $f(\sqrt{2})$ 与 $\dfrac{n^2 - 1}{n^2 + 1}$ 的大小, 并说明理由.

经过学生讨论, 有些学生仅从前几项 ($n = 1, 2, 3, 4$) 得到 $f(\sqrt{2}) \geqslant \dfrac{n^2 - 1}{n^2 + 1}$ 或它们的大小无法确定. 显然结果不对, 仅从一两个特殊值入手, 探索一般结论不一定正确, 应先探索出 n 的几种特殊情形, 再总结出一般性结论, 再用数学归纳法证明. (解答略)

这样让学生发现思维中存在的矛盾, 有利于增强学生思维的批判性 (元认知)、严谨性, 同时有利于激发学生思考和探索问题的欲望, 增强学生自主学习的兴趣.

(二) 社会责任感

在数学中常加强科学与人文的融合, 倡导科学人文精神, 能激发学生作为"社会人"的责任感和参与感, 强化他们求真求实的精神, 净化学生的灵魂. 如下例子:

例 2　某地位于沙漠边缘地区, 人与自然进行长期顽强的斗争, 到

1999 年底全地区的绿化已达到 30％，从 2000 年开始，每年将出现以下的变化：原有沙漠面积的 16％将栽上树，改造为绿洲，同时原有绿洲面积的 4％又被侵蚀，变为沙漠.

（1）设全地区的面积为 1，1999 年底绿洲面积为 $a_1 = \dfrac{3}{10}$，经过 1 年（指 2000 年底）绿洲面积为 a_2，经过 n 年绿洲面积为 a_{n+1}，求证：数列 $\left\{a_n - \dfrac{4}{5}\right\}$ 是等比数列；

（2）问至少经过多少年的努力才能使全地区的绿洲面积超过 60％（年取正整数）.（解答略）

通过问题的解决，一方面使学生的数学能力得到了提高，另一方面也使学生了解到无休止地砍伐将带来巨大的灾难，土地沙化、水土流失、国情内容的介入使学生们知道只有尊重事实，以求真务实的态度，努力追求新的科技，才能使我们的社会可持续发展.

我们还可依托地处著名商贸城市的优势，大胆地让学生走向小商品市场，让学生在了解社会、了解生活的酸甜苦辣中燃起他们的社会责任感，让学生在了解现代科学、了解高新技术中燃起他们的历史使命感，让学生在了解商品需求、了解经商经验中唤起他们数学学习的急迫感. 这就是具体、实在的素质教育.

（三）实践出真理

比如提问 "2^{24} 是几位数？请用对数计算"，该问提出后，学生不怎么感兴趣，这时换一种提法：

"某人听到一则谣言，一小时内传给两人，这两人在一小时内每人又分别传给两人，如此下去，一昼夜能传遍 1000 万人口的大城市吗？（假定受传谣的人不重复）"

这样一发问，学生有了解决此问题的兴趣和积极性，效果就大不一样. 起先，谁都认为这是不可能的事，经过认真计算，发现确能传递，结果出乎意料，但又在情理之中，这样的课堂能引起学生的兴趣，又能使学生通过问题解决受到思想教育——传递速度惊人，影响极坏！传谣可恶，信谣可悲！

又如在椭圆定义的教学中，课前可要求学生每人准备一块纸板、一条细绳、两枚图钉. 课堂上让学生自己动手画椭圆，学生人人参与，面对自己画出的椭圆，品尝到了实践的成功．

（四）坚定的信心

对看似平淡、枯燥、繁难的教学内容，创设一些情理之中、意料之外的教学情境，使课堂教学不时出现智慧的火花、思想的涟漪，能激发学生潜在的学习能力．

如在直线的斜率和倾斜角的教学中，已知斜率的范围求倾斜角或已知倾斜角求斜率的范围极易出错，以致有些同学对这类问题已经失去信心，在此提出"斜率精神"：在 $\left[0,\frac{\pi}{2}\right)$ 和 $\left(\frac{\pi}{2},\pi\right)$ 内斜率是倾斜角的增函数，在 $\left[0,\frac{\pi}{2}\right)$ 内"平步青云"，过了 $\frac{\pi}{2}$，就掉进"万丈深渊"，但它不屈不挠坚持爬起来，直到恢复常态，你们在学习中不也常会由顺利到挫折吗？如何调整心态，那就学学"斜率精神"吧．

数学教育不仅仅把数学作为一种"技术"教给学生，更为重要的是通过数学问题的教学，从中抽象出共同的、本质性的东西，尽可能用精练的、富有哲理的语言表达出来，以吸引、感染、教育学生．要从保护学生的长远利益出发，一切着眼于学生的可持续发展能力的培养，培养他们的创新精神、实践能力和科学素养，促进学生的全面发展．

德育渗透不能只局限于课堂上，而应结合课内外多种途径．教师在教学的过程中必须落实"立德树人"这一根本任务，用新时代中国特色社会主义思想铸魂育人．每一位老师都要结合学科的特点充分发挥教师在德育工作中的主观能动性，使教学能真正为培养新世纪合格人才服务．

学科教育教学作为学校教育的最主要活动形式，是学生实现知识能力提升、健全人格和高尚道德情操形成的重要渠道之一．因此，包括数学在内的各学科老师都要重视学科教学与学生德育工作的融合，在教育教学过程中要坚持以人为本的教育教学理念，积极唤醒和激发学生的自我意识，让倍感高考压力的高中学生树立学习的信心；在行为举止方面做学生的榜样，通过认真挖掘本学科的德育因素，在教学内容和教学过程中融入德育工作，提高学生的文化知识水平，促进其良好思想道德品质的形成．

第二节　深度教学与信息技术整合概述

　　《新课标》指出，现代信息技术要改变学生的学习方式，使学生乐意并有更多的精力投入现实的、探索性的数学活动中去．我们要利用信息技术教育的优势，让学生通过各种现代化媒介获取信息、帮助思考、促进学习，使他们有更多动手、动脑、思考和探索的机会，充分调动学生认识与实践的主观能动性，充分发掘学生的潜能，尊重学生的创造性，让学生真正成为学习的主人．将信息技术与数学深度教学进行有机整合，着力突破传统课堂的时空界限，实现学科渗透和融合，促成思维跨越和创新，丰富学生的学习经历，提升学生的学习品质，"减负增效"，实现课堂的再生与丰盈，提升教育教学质量．因此，借助信息技术实现数学学习探索与研究是数学深度教学的必然要求．

一、"整合"的教学理念

　　"整合"，不是简单地将信息技术作为一种教学手段与传统的教学手段叠加，而是旨在通过信息技术的介入，达到数学教学各要素的丰富和谐、实效，在信息技术融入教学的过程中，通过改革教与学的方式、改变信息资源与传播渠道等实现数学教学的突破与发展．《新课标》指出："现代信息技术的发展将对数学教育的价值、目标、内容以及学习和教学的方式产生重大影响，把现代技术作为学生学习数学和解决问题的强有力的工具，使学生从大量繁杂、重复的运算中解放出来，将更多的精力投入现实的、探索性的数学活动中去．"这为数学教学领域改革指明了方向．

二、"整合"原则的探讨

　　"整合"实践表明，信息技术给数学教学带来的绝不仅仅是效率的提高．它改变了教与学的方式，实现了学生的主体地位与主体作用；它不仅拓展了学生的学习空间，而且打开了学生学习思维的闸门．

　　信息技术与数学整合教学设计要把握好以下几个原则．

1. 目的性原则

信息技术的选择与运用，其目的是完成教学目标服务，不能为形式上多样化而失去教学方向、目标. 整合的最终目标是提高学生数学素养和信息素养.

2. 主体性原则

主体性原则是信息技术与数学教学整合的基本原则，也是现代教育思想下师生关系的重要转变. 在教学中真正做到学生根据自己的需要，自己选择认知工具，自己选择学习内容、学习方式、学习伙伴. 这样才能在学习中体验、感悟、发展. 而这种活动是出于学生自身的需要，是积极主动的，而不是被动或无耐的.

3. 活动性原则

从数学教学改革的趋势来看，传统的课堂教学正向着数学活动课的形式转变. 数学教学应该让学生做数学活动，这是新的课程标准中的重要理念. 教学中学生都喜欢动手操作、生动形象、做游戏、做实验、搞课题研究以及网上查资料、上机操练等形式，开展丰富多彩的教学活动，让学生在活动中学习，才能取得较好的教学效果.

4. 开放性原则

开放包括教学思想的开放、教学过程的开放、教学内容的开放和数学题目的开放. 这种开放是相对于传统、封闭而言的开放，不是无限制的开放. 这种开放可以表现为：教师不一定是知识的唯一拥有者，不一定是权威，不是课堂的主宰，与学生可以是合作伙伴式的关系；教学内容的来源也不局限于教材，更不局限于教师，其渠道更多、范围更广，并可充分利用网络信息；题目趋向于开放，条件不确定、解题方法多样化、解题答案不唯一. 这种开放可以充分调动学生的积极因素，实现学生自身知识的更新与能力的发展.

5. 大信息的原则

大信息量是"整合"的物质基础. 学生只有在力所能及的情况下，处理大量的复杂的信息时，才能真正培养能力. 只有大信息，才方便学生有所选择，才能实现不同层次的数学学习.

三、探讨"整合"的教学模式

　　教学模式与教学思想、教育教学理论有必然的联系，没有一定理论的指导，教学模式就没有了灵魂．一个完整的教学模式包括主题、目标、条件（或手段）、程序和评价五个要素．其中，主题即教学模式所依据的教学思想或理论，对教学活动做出理论的解释，规定了教学模式的本质，还渗透、影响其他四个要素．影响教学模式的理论基础有现代教育思想、学习理论、教学理论等．现代教育思想的指导从根本上把握了教学模式培养人的最终目标；学习理论解释了学习的内在机制，要求教学符合学生的认知规律，学习是有意义的学习；教学理论是用于指导教学操作程序和方法的系统理论，直接指导教学模式的形成．

　　"主导—主体"教学理论是构建信息技术与数学教学整合教学模式最主要的理论依据，取以"教为中心"的学与教的理论之长，避两者之短．"主导—主体"教学理论认为在教学进程中，要充分尊重学生的学习主体地位，让学生对教学内容进行自主学习、自主思考，教师则起内容选择、过程组织、指导等作用，使学与教有机统一，体现以人为本，促进全面发展．

　　信息技术与数学教学整合下，数学新课程教学模式流程如图4-1所示．

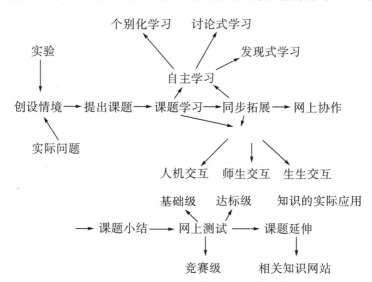

图4-1　信息技术与数学教学整合下数学新课程教学模式流程

　　信息技术与数学教学整合下数学新课教学结构如图4-2所示．

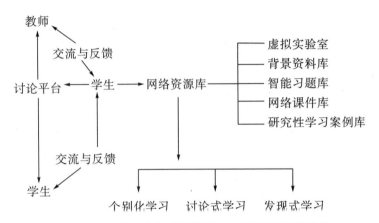

图 4-2　信息技术与数学教学整合下数学新课教学结构

下面对三种自主学习方式进行说明.

1. 个别化学习方式

学生根据自己的基础和能力，有选择地利用网络课程进行学习. 当学生遇到疑难问题时，可以通过网络向教师或同学提问. 教师可以根据情况选择网络方式解答或直答、个别解答或集体解答. 这种模式相对传统的自学模式的优点有：学生学习的材料是多媒体素材，有利于提高学生的学习兴趣，学生可以向教师个别提问，教师也可以个别解答而不干扰别的同学，有利于在课堂上进行分层次教学.

2. 讨论式学习方式

学生就学习中的相关问题进入网络课程的讨论平台，能够与教师或同学交流，并就自己感兴趣的观点与同学协作，共同论证. 由于讨论平台内容的开放性和公开性，在讨论中，学生不仅可以从教师那获取知识，也可以从同学和网络课程中获取知识. 在教学中，教师应积极参与学生的讨论，防止偏离主题.

3. 发现式学习方式

发现式学习是培养学生创新精神的重要途径，有利于培养学生科学的学习态度、方法，有助于学生理解和记忆知识. 这种模式的优点有：网络课程可以创设利于学生发现与探索的学习环境，使学生能够在这一环境中容易"发现"事物变化的规律及其因果关系，从而形成概念，获得知识. 例如，为了研究二次函数的图象——抛物线的开口方向、开口大小、顶点位置等与二次函数各系数间变化的相互关系，通过计算机利用几何画板编制的课件，学生可以改变各系数的大小，观察抛物线形状和位置的改变，探索总结规律．该过程可以较短时间完成．

这三种方式既相对独立，又紧密联系，可进行灵活组合．

四、创设"整合"的教学环境

（一）技术环境

开展信息技术与数学教学整合的实践，前提是要有现代化的硬件设备作支撑．相对充足且配备先进的硬件设备是开展"整合"教学的保障，而科学合理的硬件装备建立起来的教室则为教学提供了良好的课堂环境．一般来说，一所学校要有一个多媒体的网络教室．充足的软件资源为"整合"提供强大的信息基础，保证教学中信息的方便获取．

（二）心理环境

教师和学生面对信息化环境要有一个心理适应过程．教师是"整合"能否顺利进行且取提良好效果的关键．其中，信息技术操作能力是保障．同时，"整合"的效果如何与教师的教育思想方法分不开，如果教师的信息技术操作能力虽然提高了，但是教学思想仍是因循守旧，则信息技术只能成为传统教学的附属物，不能很好发挥其作用．如果教师在提高信息技术操作能力的同时，又具备现代教育思想，那么就能摆正教师、学生、信息技术等教学要素的关系，选择科学合理的教学方法，有效组织教学．此外，教师要有较高的教学专业知识．一个数学教师，只有正确摆正数学在学生成长过程的作用，明确数学与其他学科的关系以及教学的目的和任务，掌握基本的教学原则和方法，了解数学教学改革的动态，才能做到有的放矢，把握好每节课的教学内容．

"整合"的明显标志之一便是信息技术成为学生的认知工具．"整合"的效果最终取决于学生．学生的知识基础、学习动机、学习方式、计算机应用水平都将影响学习效果．低年级学生知识积累少，计算机应用能力较低，在进行"整合"教学时会比较困难．同时学生在学习中有这样一种现象：对计算机的好奇心强于对数学知识本身，通过信息技术这一工具来学习数学往往变成了纯技术层面上的操作，学生的兴趣点更多的在操作本身．因此，学生要想自如地运用信息技术学习工具去学数学，必须提高自己信息技术操作水平．

五、"整合"的辩证认识

（一）现代信息技术的使用，不排斥传统的教学手段

信息技术作为一种现代教育技术时，由于其自身有着巨大功能，使它与传统教学手段相比具有优势．但传统教学手段之所以可以延续至今，是因为有它特殊的教育功能．信息技术不可能简单完全地取代它．因此，教学中应注意在使用信息技术的同时，又合理吸收传统教学中的精华，优势互补．

（二）信息技术作为学生认知工具，同时也是认知的对象

信息技术操作应根据学生的年龄特点和知识基础设计．计算机课以及信息技术基础课教学只是为学生应用打下一个基础，在应用信息技术进行数学教学过程中，要注意帮助学生扫清障碍．有人将这种方式称为嵌入式教学．

（三）以思维训练为核心，处理好过程与结论的关系

数学教学的核心是培养学生的思维．而思维能力的培养，需要有一个实践—认识—再实践—再认识的过程，信息介入数学教学中，从学生的认识过程来分析，由形象到抽象的过程被计算机替代，使我们担心学生的思维会停留在形象直观上，产生思维惰性．"整合"一定要把握好信息技术使用的度，注意时机和时间，注意为学生提供观察、比较、分析、综合、归纳、概括的机会，要让学生多思考，在思考过程中激活逻辑思维和发散思维，再通过做题去直观感受数学，深入理解数学知识的生成过程．

（四）注意引用开放题

学生学习的数学内容应该是现实的、有趣的、富有挑战性的．而有意义的学习是建立在学生主观愿望和知识基础上的．开放题由于自身的特点，使得更易实现上述的教育理念．同时，由于学生可以上网查找相关资料，使得开放题的来源更加广泛．

第三节　深度教学与信息技术整合的实践案例

现代教育思想指导下的数学课堂教学，应是以学生发展为本，以思维训练为核心，以丰富的信息资源为基础，以现代信息技术为支撑，通过学生自主探究，合作研讨，主动创新，获得知识的增加和技能的提高，满足兴趣、情感等方面的需要，达到培养学科核心素养，提高信息技术水平的目的．信息技术与数学深度教学的整合应用，培养学生的探究创新能力，不断适应社会飞速发展的需求显得特别重要．本节结合教学实践给出了三个信息技术与深度教学整合的操作案例，以飨读者．

一、数学建模深度教学实践案例

新课程标准的实施给我们带来了全新的教育理念．例如：不再过分注重知识的传授，而是强调学生获得知识、技能的方法和形成正确人生观、世界观、价值观的过程；不再偏重书本知识、强调学科本位，而是注重课程内容与学生的生活和社会的联系，关注学生的兴趣和已有的知识经验，重视学生的感受与体验；倡导学生主动参与、乐于探究、勤于动手以及搜集资料信息和处理信息、分析解决问题、获得新知识的能力．这些教育理念无不体现课堂教学模式的改革和创新．

我国高中数学建模是在 2003 年国家《普通高中数学课程标准（实验）》的颁布之后正式提出的．由严士健等主编的《普通高中数学课程标准（实验）解读》中的第十一章，对数学研究、数学建模和数学文化作了详尽的解读，其中提出数学建模的含义从两个层面理解：一是作为贯穿整个过程的指导思想，在每个数学内容的学习过程中通过"问题情境→建立数学→运用数学"的过程，在学习数学的过程中，获得对数学的理解；二是作为一种学习方式，一种过程，一种活动．在新一轮数学课程改革中，数学建模已作为一个全新的主题单元．如何从数学的角度出发，利用信息技术分析和处理我们周边生活及生产实际问题亟待解决．

数学建模深度教学实施步骤如下．

第一步：将班级学生分成 4~5 人一组，明确组员的主要职责．

第二步：指导学生学习相关数学软件，如网络画板、CAS 手持技术等.

第三步：介绍数学建模方法及操作过程，按提出问题、分析问题、建立模型、求解模型、检验分析、撰写小论文六个环节进行讲解和指导.

第四步：结合教材编拟数学建模问题，设置问题要有深度.

第五步：学生实践操作，对学生成果评价指导.

在上述实践过程中，学生在模型求解及检验分析的环节必须借助信息技术才能更好地完成任务.

一. 数学作文深度教学实践案例

数学作文是学生根据对某个数学问题或数学现象进行深度理解和思考，并将所学知识进行归纳和总结，再用自己的语言表达出来的过程. 通过数学作文能加深对数学概念、原理、公理、定理的理解，也是深度学习的必然要求. 加强数学作文教学不仅有利于培养学生数学应用知识的能力，而且对提升学生数学素养也有较大帮助.

开展数学作文的操作步骤如下.

第一步：命题

在数学教学过程中，教师可根据教学中的重点难点给学生设置数学作文题目，如《我心目中 $y = A\sin(\omega x + \Phi) + B$ 的图象和性质》《双曲线渐近线之我见》《圆锥曲线焦点弦性质探究》等.

第二步：分组

将本班学生分成四人一组，对小组成员再进行详细分工，四人各司其职.

第三步：作文

教师希望学生在两周内根据作文题目，查阅资料，相互讨论，并结合自身的理解和认识，用较为优美、简结、严密的语言写出自己的数学作文.

第四步：小组评选

小组同学抽课外活动时间将自己的作文在小组内相互交流分享，共同修正，最后每小组推荐一篇优秀的作品共同修改提炼，设计信息技术演示方案，共同署名.

第五步：班内交流遴选

任课教师利用自习课在数学实验室让各小组同学交流展示，由全班同学和教师共同投票评选出一、二、三等奖，现场发奖给予鼓励.

通过数学作文教学的开展，加深同学们对数学问题的理解，激发了同学们的数学学习的热情. 同时，同学们广泛参与，团结协作，积极为小组贡献力量，参与过程中，相互理解和包容，形成了良性的竞争氛围，不仅调动了学习的积极性，而且增强了集体荣誉感. 每学年结束，将全班选出的一、二等奖作品编辑成册，也能让学生享受到成功的喜悦. 数学作文班内展示阶段，学生利用自己掌握的信息技术，如 CAS 手持技术、网络画板软件、几何画板软件等在数学实验室演示验证自己的结论，很多时候让老师感到惊艳，进一步拉近了师生之间的距离，让师生相互促进，相互欣赏，融洽了师生关系.

数学作文案例展示（学生习作）

我心目中的 $y = A\sin(\omega x + \Phi) + B$ 的图象总是那么优美又绚丽多姿，A、ω、Φ、B 四个参数各显神通. 当 ω 变大时，图象的横坐标就会缩小相应的倍数，如 $y = A\sin(x + \Phi) + B$ 变为 $y = A\sin(3x + \Phi) + B$，横坐标就会缩小为原来的 $\dfrac{1}{3}$，反之亦然. Φ 和左右平移有关，当 $\omega \neq 1$ 时，先平移后伸缩和先伸缩后平移，平移量就会改变，如将 $y = A\sin x + B$ 的图象变成 $y = A\sin(\omega x + \Phi) + B$ 的图象，若先平移后伸缩，平移量为 Φ；若先伸缩后平移，平移量为 $\dfrac{\Phi}{\omega}$，正因为这一点比较混淆，所以我们在考试中经常见到它. A、B 和纵向变化有关，A 和纵向伸缩有关，B 和纵向平移有关，它们和横向变化是一致的，先平移后伸缩和先伸缩后平移，平移量也不一定相同.

小组利用 CAS 手持技术展示说明当四个参数 A、ω、Φ、B 变化时，$y = A\sin(\omega x + \Phi) + B$ 图象的变化情况.

展示过程

第一步：展示改变 ω 图象发生的变化.

第二步：展示改变 Φ 图象发生的变化.

第三步：展示改变 B 图象发生的变化.

第四步：展示改变 A 图象发生的变化.

三、数学文化深度教学实践案例

数学文化是指数学的思想、精神、方法、观点、语言，以及它们的形成和发展. 除上述内涵外，还包含数学家、数学史、数学美、数学教育，以及数学发展中的人文成分、数学与社会的联系，数学与各种文化的关系等.

数学的内涵包括用数学的观点观察事实，构造数学模型，学习数学的语言、图表、符号表示，进行数学交流. 通过理性思维培养严谨素质，追求创新精神，欣赏数学之美. 数学文化离不开数学史，但不局限于数学史，当数学文化的魅力真正渗入教材、到达课堂、溶入教学时，数学就会更加平易近人，数学就会通过文化层面让学生进一步理解数学、喜欢数学、热爱数学. 那么如何挖掘试题中的数学文化，并借助信息技术高效解决数学问题呢？下面给出一个实践案例.

题目：在 $\triangle ABC$ 中，a，b，c 分别为内角 A，B，C 的对边，且 $b = 2$，$c = 2a$.

（1）若 $B = 60°$，求 $\triangle ABC$ 的面积；

（2）求 $\triangle ABC$ 面积的最大值.

本题若用普通的解三角形知识求解，则解法如下：

解：（1）因为 $b = 2, c = 2a, B = 60°$，故由余弦定理：$b^2 = a^2 + c^2 - 2ac\cos B$ 可得，$a^2 = \dfrac{4}{3}$，从而 $S_{\triangle ABC} = \dfrac{1}{2}ac\sin B = \dfrac{\sqrt{3}}{2}a^2 = \dfrac{2\sqrt{3}}{3}$ ；

（2）因为 $b = 2, c = 2a$，由余弦定理：$b^2 = a^2 + c^2 - 2ac\cos B$，可得 $a^2 = \dfrac{4}{5 - 4\cos B}$，从而 $S_{\triangle ABC} = \dfrac{1}{2}ac\sin B = a^2\sin B = \dfrac{4\sin B}{5 - 4\cos B}$，

令 $y = \dfrac{4\sin B}{5 - 4\cos B}$，则 $5y - 4y\cos B = 4\sin B$，即 $\sin B + y\cos B = \dfrac{5y}{4}$，

可得 $\sqrt{y^2 + 1}\sin(B + \theta) = \dfrac{5y}{4}$，其中 $\tan\theta = y$，θ 的终边经过点 $(1, y)(y > 0)$，

因此取 θ 为锐角，所以有 $\dfrac{5y}{4} \leqslant \sqrt{y^2 + 1}$，解得 $0 < y \leqslant \dfrac{4}{3}$，

因此，当 $\theta = \arctan\dfrac{4}{3}$，$B + \theta = \dfrac{\pi}{2}$ 即 $B = \dfrac{\pi}{2} - \arctan\dfrac{4}{3}$ 时，$S_{\triangle ABC}$

取得最大值 $\dfrac{4}{3}$.

若挖掘题目条件, 以数学文化中阿波罗尼斯圆为背景, 发现 $\triangle ABC$ 顶点 C 满足阿波罗尼斯圆的条件, 利用网络画板软件, 制作以上课件进行展示, 学生很容易发现三角形面积的取值范围, 再引导学生建模寻找该阿波罗尼斯圆的半径, 从而使问题获得解决. 这样不仅激发了学生学习数学文化的兴趣, 而且也有助于培养学生的思维能力. 以下为网络画板制作的演示课件.

阿波罗尼斯圆

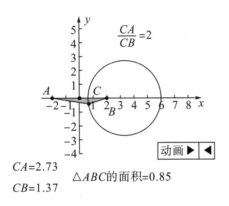

$CA=2.73$

$CB=1.37$

$\triangle ABC$的面积$=0.85$

第四节　深度教学与美育融合

哲学家罗素说: "数学, 如果正确地看她, 不但拥有真理, 而且也具有至高的美." 数学美是蕴藏于数学所特有的抽象概念、公式符号、命题模型、结构系统、推理论证、思维方法之中的简单、和谐、严谨、奇异等形式, 它揭示了自然的规律性, 是一种真实的科学美.

数学教学对学生的影响不应该只是知识. 教师要善于挖掘数学教材中的美育因素与适当的教学内容相结合, 在教学过程中把数学美呈现出来, 引导学生去感受、去欣赏、去评价, 就能净化学生的心灵, 培养他们积极健康的情感, 从而使学生受到美的教育、美的熏陶, 对学生完美人格的塑造起着潜移默化的作用.

正如美国数学家克莱因对数学美的描述: "音乐能激发或抚慰情怀, 绘画使人赏心悦目, 诗歌能动人心弦, 哲学使人获得智慧, 科技可以改善物质生活，但数学却能提供以上一切."

本书提供成都树德中学的数学教学案例，以展示在课堂教学中如何揭示数学美，在组织教学中如何体现数学美，在应用实践中如何追求数学美. 这种将美育融合进数学的深度教学，将诱发学生内心的美感，使学生获得数学的审美能力，给学生带来喜悦，从而既有利于激发学生对美的追求心理，又有利于激发学生对数学的兴趣.

教学案例："斐波那契数列"数学活动课

本节课内容是人教 A 版第二章数列教材 37、38 页阅读材料. 通过课前的"备"——学生收集有关斐波那契数列相关材料，课中的"教"——教师引导学生深入体验与探究数列建模的过程，课后的"思"——找出发现数学问题，建构数学知识的"规律"，对深度教学实践运用，激发学习能动性.

这里让我们来看看"斐波那契数列"这一堂活动课中的精彩片段.

片段 1：

师：数学是一门研究规律的科学，过程数学的学习可以提升我们的逻辑思维能力和思辨能力，最终激发我们的灵感. 数学到底是什么？我们为什么要学习数学呢？今天我们将通过老师最喜欢的一个数列，当然也是很多人最喜欢的一个数列，一起来感受一下数学的美，体会一下数学的智慧. 这是一个什么样的数列呢？首先我们从计算的角度来看一下（板书），这个数列的第一项为 1，第二项为 1，第三项为 2，第四项为 3，第五项为 5，第六项为 8，以此类推（板书数列）. 大家知道这个数列吗？

生（齐）：斐波那契数列.

师：谁能给我们介绍一下斐波那契？

生 1：斐波那契是意大利数学家……他通过兔子的繁殖规律发现了一个新的数列.

师（PPT 投影）：将兔子繁殖规律这一段文字语言转化为数学语言.

生 2：一对兔子每月能生一对小兔子，而每一对小兔子在它出生后的第三个月里，又能生一对小兔子，即第一个月兔子数一对，第二个月一对，第三个月两对，第四个月三对，以后每个月兔子总数为前两个月兔子数之和. 如果从数列的角度来分析，即 $a_1 = 1, a_2 = 1, \cdots, a_{n+2} = a_{n+1} + a_n (n \in \mathbf{N})$.（学生集体鼓掌）

师：非常好（板书），这就是斐波那契数列的递推式. 以上的理解过程中，我们实际上用到了哪些数学思想呢？

生 3：特殊到一般，数学建模（教师板书）.

师：斐波那契数列在我们的实际生活中有体现吗？下面同学们来展示一下自己收集的素材.

生4：大自然中很多花瓣的数目（PPT投影），如鸭拓草的花瓣数目2，钱兰3，蝴蝶兰5，翠雀花8，玫瑰13，紫菀21，菊花34，等等.

生5：自然界中树丫的数目生长规律（PPT投影）.

生6：音乐中的斐波那契数列，例如钢琴上的八度音符由13个音符组成，其中8个白键、5个黑键；音阶由8个音符组成，其中第3和第5音符创建了基本和弦的基础；在音阶中，主音是第5个音符，它也是组成8度音阶的所有13个音符的第8个音符. 这些都符合斐波那契数列.

师：神奇吗？（学生齐答）还有更神奇的呢，接下来我们继续从计算的角度来研究斐波那契数列. 首先，我们一起来做一个小游戏，五位同学围成一圈依序循环报数，规定：①第一位同学首次报出的数为1，第二位同学首次报出的数也为1，之后每位同学所报出的数都是前两位同学所报出的数之和；②若报出的数为3的倍数，则其余未参加活动的同学一起需拍手一次. 已知甲同学第一个报数，当五位同学依序循环报到第20个数时，甲同学拍手的总次数为多少次？

点评：在学生展示和参与游戏的过程中，引导学生发现美，感受美，寻找美的规律.

问题是数学的心脏. 以问题为主要学习载体，以质疑、探疑、释疑等活动来展现学生数学思维品质的培育过程. 问题设计的广泛性、生活化有利于激发学生的学习能动性，是提升深度学习品质的有效形式. 例如教师通过兔子数列的引入，引发学生对这一生活问题的进一步思考，引导学生介绍斐波那契（数学史的拓展），从中渗透数学文化，渗透数学的德育功能.

数学和游戏的关系源远流长，在还没有"数学"这个概念时，数学知识就广泛存在于各种游戏中，随着游戏的发展，数学也随之发展. 因此，也可以说，游戏是数学发展的动力之一. 在全面提升学生核心素养的今天，把数学游戏运用到数学课堂，使之有效地激发学生的学习兴趣，寓教于乐，达到"数学好玩"的境界，进而使学生主动地学数学. 例如本节课的学生小组报数游戏，来源于生活，有助于激发学生的主动性和创造性.

数学源于生活，寓于生活，用于生活. 数学课堂应根据学生的认知规律，从学生的实际生活出发，在数学与生活之间架起桥梁. 本节课利用生活中的花瓣、黄金分割、斐波那契螺旋线等素材，由学生收集，教师整理，总结提炼. 这样的数学课堂进一步体现教学的统一与和谐. 随着课程改革的深入，数学知识生活化是数学学习的一种方式，让数学知识走进学生生活，让学生感悟数学是美的.

片段2：

师：刚才我们从数的角度研究了斐波那契数列，接下来我们再从形的角度来继续探究一下，实际上斐波那契数列在我国的杨辉三角中就有充分的体现（PPT投影），对角线的数字之和即是一个斐波那契数列.

生10：以斐波那契数为边的正方形拼成的长方形，然后在正方形里面画一个90°的扇形，连起来的弧线叫作斐波那契螺旋线，生活中的海螺就是最好的呈现.（教师PPT投影）.

师：我们再回到数列的递推式 $a_1 = 1$，$a_2 = 1, \cdots, a_{n+2} = a_{n+1} + a_n$（$n \in \mathbf{N}$）上，按照我们研究数列的方法，有了递推式之后我们有必要求出这个数列的通项公式. 同学们还是小组探讨两分钟，然后来讲解.

生11：老师在之前讲过针对这种类型的数列应该通过构造（待定系数法）回到我们熟悉的等差或等比数列（投影边讲边写）. 令 $a_{n+2} + p a_{n+1} = q(a_{n+1} + p a_n)$，则 $a_{n+2} = (q-p)a_{n+1} + pq a_n$.

$$\therefore \begin{cases} q - p - 1 \\ pq = 1 \end{cases}, \therefore \begin{cases} p = \dfrac{-1+\sqrt{5}}{2} \\ q = \dfrac{1+\sqrt{5}}{2} \end{cases} 或 \begin{cases} p = \dfrac{-1-\sqrt{5}}{2} \\ q = \dfrac{1-\sqrt{5}}{2} \end{cases},$$

当 $p = \dfrac{-1+\sqrt{5}}{2}$，$q = \dfrac{1+\sqrt{5}}{2}$ 时，$a_{n+2} + \dfrac{-1+\sqrt{5}}{2} a_{n+1} = \dfrac{1+\sqrt{5}}{2}(a_{n+1} + \dfrac{-1+\sqrt{5}}{2} a_n)$，

$\therefore \left\{ a_{n+1} + \dfrac{-1+\sqrt{5}}{2} a_n \right\}$ 是以 $\dfrac{1+\sqrt{5}}{2}$ 为公比，$\dfrac{1+\sqrt{5}}{2}$ 为首项的等比数列，

$\therefore a_{n+1} + \dfrac{-1+\sqrt{5}}{2} a_n = (\dfrac{1+\sqrt{5}}{2})^n$ ①，

当 $p = \dfrac{-1-\sqrt{5}}{2}$，$q = \dfrac{1-\sqrt{5}}{2}$ 时，同理可得 $a_{n+1} + \dfrac{-1-\sqrt{5}}{2} a_n = (\dfrac{1-\sqrt{5}}{2})^n$ ②，

①-②可得 $a_n = \dfrac{1}{\sqrt{5}} \left[(\dfrac{1+\sqrt{5}}{2})^n - (\dfrac{1-\sqrt{5}}{2})^n \right]$.

生12：特征方程，待定系数法（投影边讲边写）……

师：同学们注意通项公式中有一个 $\dfrac{\sqrt{5}-1}{2}$，看到这个数字，大家能联想到什么呢？

生：（齐）黄金分割比.

师：斐波那契数列如何与黄金分割比联系起来呢？

生13：斐波那契数列中每一项与后一项的比例随着项的增大，这个比值会无限地逼近0.618（投影边讲边写）.

师：这是一种极限的思想（教师板书）. 黄金分割是我们从小学就开始接触的一种数学美，生活中有黄金分割的呈现吗？

生14：五角星中可以找到所有线段之间的长度关系都是符合黄金分割比的.

生15：绘画、雕塑等艺术作品中，如断臂的维纳斯中都有很多黄金分割的呈现.

师：当人们发现了自然界的秘密后，把黄金分割和斐波那契数列应用到生活中，得到了让人惊喜的结果. 接下来我们一起欣赏一个短片（1分钟：斐波那契数列的数学美）.

师：美吗？

生：（齐）美.

师：神奇吗？

生：（齐）神奇.

师：数学伟大吗？

生：（齐）伟大.

师：斐波那契以他的兔子问题，猜中了大自然的奥秘，而斐波那契数列的种种应用，是这个奥秘的不同体现. 妙哉，数学！

点评：通过学习，我们发现数学其实是一门无比美妙的学科，而且它伴随着伟大的力量. 数学的美是揭露宇宙星辰的一切力量，是一切科学的基础. 目前，我们最常听到的三大技术是云计算、大数据、人工智能，其背后都与数学有着密不可分的联系. 因此，我们一定要学会用数学的眼光观察现实世界，学会用数学的思维思考现实世界，学会用数学的语言表达现实世界.

有关数学美、数学魅力、数学拾趣等论著中有描述，有分类，有辨析，也有案例，唯独没有对数学之美的定义. 也许，她本来就不该有定义，我们也不奢望定义她. 人们都在说，对称是美，可是对称性缺失也是美；和谐是美，可是内在矛盾引起的冲突也是美；简单是美，可是跌宕起伏的复杂也是美；自然生成是美，可是人类的想象设计也是美；理性是美，可是存在的直观也是美；应用是美，可是不切实际、无关功利的东西也是美．看来，环肥燕瘦，辩证统一，我们很难对美进行简单的分类．

　　能唤起想象、激活思维、触动心灵、聚焦注意，引领我们去关注、去探究的那些问题、那些方法、那些过程、那些元素、那些事物、那些存在，都可以归纳为美．这种美，蕴含或者渗透在数学中，随着人们对数学的感知、思考、理解和探索，自然地甚至顽强地表现出来．面对她，你可以好奇，可以惊讶，可以满足，可以质疑，可以赏心悦目，可以乐而忘忧，可以锲而不舍，可以殚精竭虑．这，就是我们所说的数学之美．我们教师首先要有一颗热爱数学之美、欣赏数学之美、发现数学之美的心，才能在教学中不断地将这种美传递给学生，在课堂中融入美，让学生在数学中享受美．